CD BOOK

新版 はじ

フランス語

中野久夫

はじめに

　本書は、これからフランス語を学ぶ人のための入門書です。
　読者の皆さんがこれまで学んできた英語を土台にして学習できるように、随所で英語とフランス語の説明をしています。
　また、会話力と読解力も能率的に身につくことを目標にいろいろ工夫をこらしてあります。

　Chapitre 1 の「アルファベと発音」では、文字の読み方、発音の仕方など、基本の基本から学習していきます。
　Chapitre 2 の「基本文法」では、読者は文法の骨子を英語のそれと比較して、文法を会話例文で確かめることで、容易に習得することができます。文法の知識、例えば動詞の現在と複合過去、aller（行く）やvenir（来る）の人称変化などもしっかり覚えましょう。
　Chapitre 3 の「日常生活のやさしいフレーズ」では、ここでも文法を簡潔に説明しながら、例文を挙げていきます。10文でも20文でも暗記して、本を見ないで言えるようにしましょう。

Chapitre 4 の「旅行で使えるフレーズ」では、使用頻度の高い例文を紹介してあります。巻末の「日本語から引けるフランス語ミニ辞典」の単語を参照しながら、言い換えることが可能です。この「ミニ辞典」は旅行会話にも学習にも役立つ、便利なミニ辞典です。

　また、フランスの有名なことわざも紹介しております。ことわざを知ることは、その国の民族性を知ることでもあります。長い年月の間に彫琢された、生活の知恵の結晶といえるでしょう。日本のことわざに似たものもあれば、正反対のものもあって、興味をそそります。
　そして、読む練習として、短い物語も掲載しています。フランス語のセンテンスごとに単語や文法の説明を加え、日本語訳をつけました。訳をなるべく読まないで、トライしてみましょう。
　英語の土台の上に、文法・会話・物語・ミニ辞典を取りそろえた本書で、フランス語の実力を身につけてください。

著者

目次

はじめに

Chapitre 1　アルファベと発音

1 アルファベ ……………………………………………… 10
　　アルファベ／アクサン記号
2 発音 …………………………………………………… 12
　　母音／鼻母音／子音／語末の子音／
　　連読（アンシェヌマン）／連音（リエゾン）

Chapitre 2　基本文法

1 「その本」「その家」冠詞と名詞 ……………………… 20
2 「大きな本」「大きな家」形容詞と名詞 ……………… 23
3 「私たち」「あなたがた」人称代名詞 ………………… 26
4 「私の〜」「あなたの〜」所有形容詞 ………………… 29
5 「〜を」「〜に」直接目的語、間接目的語 …………… 31
6 「〜します」動詞 1 …………………………………… 34
7 「〜である」と「〜を持つ」動詞 2 …………………… 50
8 「〜しません」否定文 ………………………………… 56
9 「〜ですか？」疑問文 ………………………………… 58
10 「何、誰、いつ、どこ、いくつ」疑問詞 ……………… 60

11	「〜しました」過去	63
12	「〜するでしょう」単純未来	67
13	「〜される」「〜された」受動態	69
14	「〜したいのですが」条件法	72
15	「se＋不定法」代名動詞	74

Chapitre 3　日常生活のやさしいフレーズ

1	あいさつ	78
2	お礼、おわび	80
3	返事	83
4	気持ち	86
5	自分のこと	88
6	相手にたずねる	90
7	時間	93
8	誘う、すすめる	95
9	希望、予定	98
10	依頼する	103
11	たずねる	107
12	いくら？　いくつ？	110
13	どこから？　いつから？	112
14	気候、自然	115
15	電話で	118

Chapitre 4　旅行で使えるフレーズ

- _1_ ホテルで 122
- _2_ 乗り物 126
- _3_ レストランで 128
- _4_ ショッピング 132
- _5_ 観光地で 138
- _6_ トラブル 139
- _7_ 体調 142

フランスの有名なことわざ 146
フランスの物語にチャレンジ 148
日本語から引けるフランス語ミニ辞典 154

カバーデザイン　清原一隆
　　　　　　　　（KIYO DESIGN）
カバーイラスト　本田亮
本文レイアウト　滝口美香
本文イラスト　　藤島つとむ

Chapitre 1
アルファベと発音

　フランス語の発音は、英語の発音に似たものもあれば、かなり違うものもあります。例えば英語の beauty（美）を意味する beauté を［ボテ］と読み、英語の ancient（古代の）を意味する ancient を［アンスィヤン］と読み、［アン］を息を鼻に抜いて発音します。

Section 1 アルファベ

CD 1

アルファベ

A	a	[ア]	N	n	[エヌ]
B	b	[ベ]	O	o	[オ]
C	c	[セ]	P	p	[ペ]
D	d	[デ]	Q	q	[キュ]
E	e	[ウ]	R	r	[エール]
F	f	[エフ]	S	s	[エス]
G	g	[ジェ]	T	t	[テ]
H	h	[アシュ]	U	u	[ユ]
I	i	[イ]	V	v	[ヴェ]
J	j	[ジ]	W	w	[ドゥブルヴェ]
K	k	[カ]	X	x	[イクス]
L	l	[エル]	Y	y	[イグレク]
M	m	[エム]	Z	z	[ゼド]

Chapitre 1　アルファベと発音

アクサン記号

´　　（アクサン・テギュ）
　　été［エテ］夏
　　唇を左右に引っぱって［エ］と発音します。

`　　（アクサン・グラーヴ）
　　è, à, ù
　　père［ペール］父
　　唇を丸くして［エ］と発音します。

^　　（アクサン・シルコンフレクス）
　　â, ê, î, ô, û
　　gâteau［ガト］ケーキ

,　　（セディーユ）
　　garçon［ガルソン］少年

¨　　（トレマ）
　　ë, ï, ü
　　haïr［アイール］憎む
　　aとïを分けて発音します。

母音

発音記号と、それを発音する時の唇と舌の位置を、図（母音図表）で示しました。

前方母音では、舌がだんだん前に出て唇が平らになります。

後方母音では、舌がだんだん下がり唇が丸くなります。

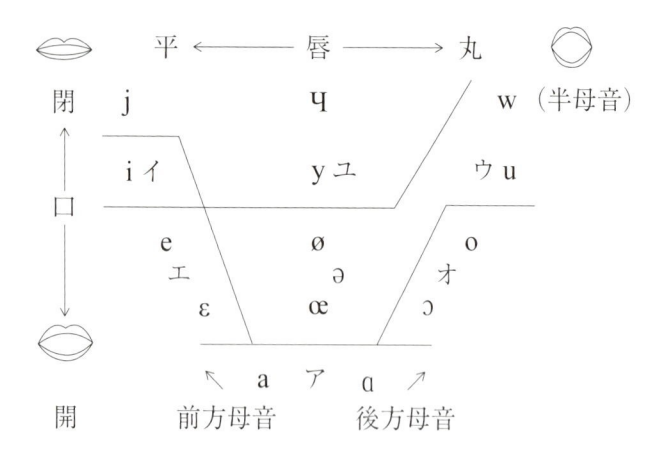

```
          平 ←——— 唇 ———→ 丸
    閉    j           ɥ           w  （半母音）
    ↑        iイ         yユ        ウu
    口
    ↓        e          ø           o
             エ         ə           オ
             ɛ          œ           ɔ
             ↖ a ア ɑ ↗
    開        前方母音    後方母音
```

Chapitre 1 アルファベと発音

a, i・y, o
［ア］，［イ］，［オ］
matin ［マタン］朝
île ［イル］島
style ［スティル］様式
oncle ［オンクル］おじ
語尾の e は発音されません。

u
［ウ］の口つきで［イ］と発音します。
futur ［フュテュール］未来
vue ［ヴュ］眺め

é, è, ê
é ［e・エ］は唇を左右に引っぱって発音します。〔鋭いアクセント〕
è ［ε・エ］は唇を丸くして発音します。〔鈍いアクセント〕
ê も è とほぼ同じ発音です。
été ［エテ］夏
père ［ペール］父
honnête ［オネト］誠実な

ai, ei
［エ］と発音。［エイ］と発音しません。
air ［エル］空気
Seine ［セヌ］セーヌ河

oi	［オワ］と発音し、［オイ］とは発音しません。 avoir［アヴォワール］持つ
au, eau	［オ］と発音し、［オー］とのばしません。 auto［オト］自動車 beau［ボ］美しい
eu, œu	［ウ］に近い発音です。 bleu［ブル］青い sœur［スウル］妹
ou	［ウ］と発音します。 rouge［ルウジュ］赤い
il, ill	［ィユ］と発音します。 soleil［ソレィユ］太陽 feuille［フィユ］葉

Chapitre 1 アルファベと発音

鼻母音

an, am, en, em

口を大きく開け、いずれも［アン］と鼻に響かせて発音します。（発音記号 ã）
franc ［フラン］フラン
lampe ［ラーンプ］ランプ
enfant ［アンファン］子供
temps ［タン］時間

in, im, ain, aim, ein

［エン］を［アン］に近い音で発音します。（発音記号 ɛ̃）
jardin ［ジャルダン］庭
important ［アンポルタン］大切な
train ［トゥラン］列車
faim ［ファン］空腹
peinture ［パンテュール］ペンキ

on, om

［オン］を［ン］をはっきりさせないで発音します。（発音記号 ɔ̃）
Japon ［ジャポン］日本
nombre ［ノーンブル］数

un, um

［アン］と発音します。（発音記号 œ̃）
brun ［ブラン］茶色の
parfum ［パルファン］香水

子音

c

[ス][ク]と発音します。
ce [ス] この
police [ポリス] 警察
café [カフェ] コーヒー

ç

c に ,(セディーユ)という記号をつけると、
k の発音が s に変わります。
garçon [ガルソン] 少年

g

[ジュ][グ]と発音します。
George [ジョルジュ] ジョルジュ〔名〕
gâteau [ガト] 菓子

gne

[ニュ]と発音します。
montagne [モンタニュ] 山

ch

[シュ]と発音します。
château [シャト] 城

h

無音です。
hôtel [オテル] ホテル

Chapitre 1　アルファベと発音

語末の子音

語末の子音は無音です。

　　Paris［パリ］パリ　　　respect［レスペ］尊敬

ただし語末の c, f, l, r は有音です。

　　parc［パルク］公園　　　　vif［ヴィフ］活発な
　　animal［アニマル］動物　　car［カール］なぜなら

連読（アンシェヌマン）

Il a（イル・ア）は［イ・ラ］、Il y a（イル・イ・ア）は［イ・リ・ヤ］の発音になります。これを連読と言います。

▶ Il a un livre.
　イ ラ アン リーヴル
　彼は1冊の本を持っています。

▶ Il y a un livre.
　イ リ ャ アン リーヴル
　1冊の本があります。

連音（リエゾン）

des arbres［デ・アルブル］を、［エ］と［オ］という母音と母音が衝突すると耳障りなので、des の s を次の a につないで -s a-［ザ］と発音します。これを連音と言います。

▶ Il y a des arbres dans le jardin.
　イ　リ　ャ　デ　　ザルブル　　ダン　ル　ジャルダン
その庭の中に何本かの木があります。

〈注〉　フランス語では、alphabet を［アルファベ］、accent を［アクサン］と発音します。

Chapitre 2
基本文法

　Chapitre 2 では、あなたが身につけている英語を土台にして、フランス語の文法が英語の文法とどのように違うかを見ていきます。この章を読んでいくうちに、フランス語会話に必要な文法が自然に身につきます。

冠詞と名詞には「性」と「数」があります

定冠詞

「本」と「家」を、英語で定冠詞をつけて言ってみましょう。
　本　the book　　　　　家　the house

フランス語では、
　本　le livre〔男性名詞〕　家　la maison〔女性名詞〕
　　　ル　リーヴル　　　　　　　ラ　メゾン

名詞はすべて男性か女性に分けられ、男性名詞には男性定冠詞の le がつき、女性名詞には女性定冠詞の la がつきます。

　　　　the father　　　　　　the mother
　父　le père〔男性名詞〕　母　la mère〔女性名詞〕
　　　ル　ペール　　　　　　　ラ　メール

上の「本」「家」の性を文法性と呼び、「父」「母」を自然性と呼びます。自然性は「兄」「姉」は男性・女性というように日本人にもわかりますが、文法性は「本」「家」は辞書を引か

ないと日本人にはわかりません。

   the garden   the door
 庭 le jardin〔男性名詞〕 ドア la porte〔女性名詞〕
   ル ジャルダン   ラ ポルト

「友人」が男性である時は le を、女性である時は la をつけます。

   the friend
 男友達 le ami → l'ami
    ル アミ   ラ・ミ
 女友達 la amie → l'amie
    ラ アミ   ラ・ミ

-e がつくと、名詞によって男性名詞が女性名詞になります。

不定冠詞

次は不定冠詞を「本」と「家」につけてみます。

 本 un livre〔男性名詞〕 家 une maison〔女性名詞〕
   アン リーヴル   ユヌ メゾン

英語の a と同じように、un〔男〕・une〔女〕には「1つの」と「ある」の2つの意味があります。

この不定冠詞は、英語とフランス語で異なる点があります。

 a book   one, two, three…
 un livre   un, deux, trois…
 アン リーヴル   アン ドゥ トゥロワ

見るとわかるように、フランス語では不定冠詞が数詞を兼ねます。

英語は a（1冊の）・one（1）、フランス語は un（1冊の）・un（1）です。

une maison,　deux maisons,　trois maisons…
ユヌ　メゾン　　ドゥ　　メゾン　　トゥロワ　　メゾン
　１つの家　　　２つの家　　　　３つの家

以上の le livre, un livre と、la maison, une maison でわかったように、フランス語の定冠詞・不定冠詞には、英語にはない「性」があります。「数」すなわち単数・複数は英語にもあります。

● 部分冠詞

英語では抽象名詞・物質名詞には冠詞がつきません。フランス語では名詞を単数形にして、男性名詞に du を，女性名詞に de la をつけます。全体の一部分という意味合いです。

　du　courage　〔男性名詞〕　勇気
　デュ　クラージュ

　de　la　sauce　〔女性名詞〕　ソース
　ドゥ　ラ　ソース

2 大きな本

CD 4　　形容詞と名詞

形容詞にも「性」と「数」があります

形容詞

　名詞・冠詞のほかに、形容詞にも性があります。男性名詞は男の帽子〈冠詞〉をかぶり、男の洋服〈形容詞〉を着ます。性と数を持つものは以上で終わりで、動詞・副詞・前置詞などはすべて性・数の区別がありません。

　「名詞」のところで、ami は「男の友達」、amie は「女の友達」と言いました。étudiant［エテュディアン］は「男子学生」で、étudiante［エテュディアント］は「女子学生」です。

　しかし、名詞はすべてこのように -e がついて男・女になるわけではありません。

　ところが形容詞は、すべて男性形容詞に -e をつけて、女性形容詞を作ります。

「大きい」（英語の large）は
　　large　　　　　　　large
　　grand〔男性形容詞〕　grande〔女性形容詞〕
　　グラン　　　　　　　グラーンド

男は男の洋服を着ますから、「大きな本」「大きな家」は、

 grand livre   grande maison
 グラン リーヴル   グラーンド メゾン

帽子〈冠詞〉をつけて、冠詞・形容詞・名詞をそろえると、

「冠詞＋形容詞＋名詞」 「冠詞＋形容詞＋名詞」

 le grand livre   la grande maison
 ル グラン リーヴル ラ グラーンド メゾン

 un grand livre   une grande maison
 アン グラン リーヴル ユヌ グラーンド メゾン

英語には不定冠詞の a の複数形がありません。そこで英語に置き換える時は、次のように some をあてます。

 a book → some books
 un livre → des livres
 アン リーヴル デ リーヴル

 a house → some houses
 une maison → des maisons
 ユヌ メゾン デ メゾン

定冠詞の le, la も複数形で次のようになります。

 the house → the houses
 la maison → les maisons
 ラ メゾン レ メゾン

不定冠詞の複数の des、定冠詞の複数の les は、男性・女性が共通です。

Section 3 「私たち」「あなたがた」

CD 5　　　　　　　　人称代名詞

英語の you がフランス語では tu と vous になります

人称代名詞

I や you を人称代名詞と言いますが、これがフランス語と英語では、次のように違います。

〈英語〉

	単　数	複　数
1人称	I	we
2人称	you	you
3人称	he she it	they

〈フランス語〉

	単　数	複　数
1人称	je　［ジュ］	nous　［ヌゥ］
2人称	tu　［テュ］	vous　［ヴゥ］
3人称	il　　［イル］ elle　［エル］ ce　　［ス］	ils　　［イル］ elles　［エル］ ce　　［ス］

(1) 英語の you の単数は tu（君）となり、複数は vous（君たち、あなた、あなたたち）となります。

(2) 英語の he, she, it が il（彼）、elle（彼女）、ce（それ）となります。livre（本）を il という代名詞で受け、maison を elle という代名詞で受けます。

● ce の用法　〔指示代名詞、指示形容詞〕

ce は英語の this, that, it および they などをも表します。

▶ これ〔あれ・それ〕は1冊の本です。
This〔That・It〕is a book.
C'est　un　livre.
　セ　　タン　　リーヴル

▶ これら〔あれら・それら〕は（数冊の）本です。

These〔Those・They〕are books.

Ce sont des livres.
ス　ソン　デ　リーヴル

ce は「これは」という指示代名詞で用いられるほかに、「この」というように指示形容詞にもなります。

▶ この本はアンリのものです。

This book is Henry's.

Ce livre est à Henri.
ス　リーヴル　エ　タ　アンリ

指示形容詞として用いられる ce は、「性」と「数」を持ちます。le-la-les〔定冠詞〕のように、3型あります。

- 「本」 ce livre　　　　ces livres
　　　　ス　リーヴル　　　セ　リーヴル
- 「花」 cette fleur　　　ces fleurs
　　　　セット　フルール　セ　フルール

所有形容詞

「私の」「君の」が男性名詞の「本」livre・livres、女性名詞の「家」maison・maisons につくと、次のようになります。

- 私の本　　mon livre　→　mes livres
　　　　　　モン　リーヴル　　　メ　リーヴル

- 私の家　　ma maison　→　mes maisons
　　　　　　マ　メゾン　　　　メ　メゾン

- 君の本　　ton livre　→　tes livres
　　　　　　トン　リーヴル　　　テ　リーヴル

- 君の家　　ta maison　→　tes maisons
　　　　　　タ　メゾン　　　　テ　メゾン

人称代名詞のそれぞれの所有形容詞を挙げると、次のような表になります。

je 私	mon livre モン リーヴル ma maison マ メゾン mes { livres / maisons } メ リーヴル / メゾン	nous 私たち	notre livre ノートゥル リーヴル notre maison ノートゥル メゾン nos { livres / maisons } ノ リーヴル / メゾン
tu 君	ton livre トン リーヴル ta maison タ メゾン tes { livres / maisons } テ リーヴル / メゾン	vous 君たち あなた（たち）	votre livre ヴォートゥル リーヴル votre maison ヴォートゥル メゾン vos { livres / maisons } ヴォ リーヴル / メゾン
il 彼	son livre ソン リーヴル sa maison サ メゾン ses { livres / maisons } セ リーヴル / メゾン	ils 彼ら	leur livre ルゥル リーヴル leur maison ルゥル メゾン leurs { livres / maisons } ルゥル リーヴル / メゾン

- 私の名前　　　　　　　mon nom
　　　　　　　　　　　　モン　ノン

- 私の時計　　　　　　　ma montre
　　　　　　　　　　　　マ　モーントゥル

- あなたのパスポート　　votre passeport
　　　　　　　　　　　　ヴォートゥル　パスポール

Section 5 「〜を」「〜に」

直接目的語、間接目的語

CD 7

人称代名詞の直接目的語・間接目的語

英語の you がフランス語では tu と vous に分かれ、英語の they はフランス語では ils（彼ら）、elles（彼女ら）に分かれます。

英　語	フランス語
you	tu　　（君） テユ vous （君たち、あなた（たち）） ヴゥ
they	ils　　（彼ら） イル elles （彼女ら） エル

次は「私は、私の、私を（に）」（英語の I - my - me）についてです。

英語の my はフランス語になると「性」と「数」を持つために、「私の」は mon〔男性単数〕、ma〔女性単数〕、mes〔男性複数、女性複数〕の 3 つになることが相違点でした。

英語の me をフランス語では me［ム］と言います。
次の表を見てください。

	～は	～を	～に	強勢形
私	je ジュ	me ム	me ム	moi モワ
あなた	vous ヴゥ	vous ヴゥ	vous ヴゥ	vous ヴゥ
君	tu テュ	te トゥ	te トゥ	toi トワ

▶ 私は君を愛しています。

I love you.
Je t'aime. (t' ← te)
ジュ テ・ム

英語にはない強勢形

次に強勢形ですが、これは英語にはない形で、次の2つの場合に用いられます。

(1) 主語・目的語の強調

　　Moi, je t'aime.
　　モワ　ジュ　テ・ム

　　（私はというと、君を愛しています）

(2) 前置詞の後

　　avec moi, avec toi, avec lui
　　アヴェック モワ　アヴェック トワ　アヴェック リュイ

　　（私と一緒に、君と一緒に、彼と一緒に）

Section 6 「～します」

動詞　1

英語の動詞の原形にあたるものをフランス語では「不定法」と呼びます

　英語の be 動詞を原形と呼び、人称代名詞（I, you など）に応じて be は is, am, are の形に変化します。

　英語ではこれはむしろ例外で、3人称単数現在で動詞の語尾に -s がつく、というのがほとんどです。

　フランス語の動詞が英語のそれと大きく違うのは、この人称変化の激しい点です。

　英語の原形にあたるものを、フランス語では不定法と呼び，辞典には動詞はすべて、この形で載っています。

①	話す	parler	［パルレ］	〔語尾は -er〕
②	行く	aller	［アレ］	〔語尾は -er〕
③	終える	finir	［フィニール］	〔語尾は -ir〕
④	来る	venir	［ヴニール］	〔語尾は -ir〕
⑤	読む	lire	［リール］	〔語尾は -re〕
⑥	見る	voir	［ヴオワール］	〔語尾は -oir〕

　je（私）と vous（君たち、あなた、あなたたち）について、

それぞれ①〜⑥の動詞のつづりがどのように違うかを見てみましょう。

	私	君たち、あなた（たち）
「話す」	je parle ジュ パルル	vous parlez ヴゥ パルレ
「行く」	je vais ジュ ヴェ	vous allez ヴゥ ザ・レ
「終える」	je finis ジュ フィニ	vous finissez ヴゥ フィニセ
「来る」	je viens ジュ ヴィヤン	vous venez ヴゥ ヴネ
「読む」	je lis ジュ リ	vous lisez ヴゥ リゼ
「見る」	je vois ジュ ヴォワ	vous voyez ヴゥ ヴォワイエ

　上の①〜⑥の例の最後に、-er, -ir, -re, -oir をつけました。その理由は、①から⑥までの動詞の不定法（英語の原形）が、それぞれそういう不定法語尾を持っているからです。

　フランス語、およびスペイン語、イタリア語では、動詞の人称変化の学習が大変です。そのかわり、この峠を越えればあとは簡単です。説明しますので、図を見てください。

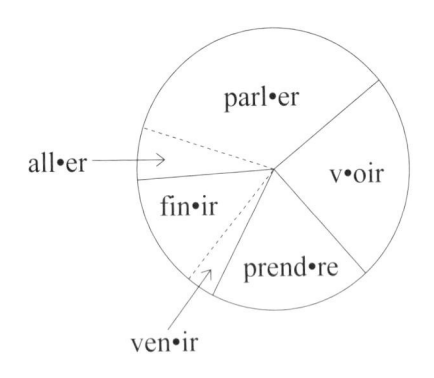

　図のそれぞれの面積は、実際とは異なります。

　parlerと同じ人称語尾変化をする仲間が，実際には全動詞の多くを占めています。

　同じ-er動詞でも、allerのようにその仲間からはずれた語尾変化をするものもあります。点線はそのことを表しています。不規則動詞です。

　finirに代表される-ir動詞にも、finirと同じ語尾変化をする動詞と、それからはずれた語尾変化をするvenirのような不規則動詞とがあります。

　prendre〔-re動詞〕とvoir〔-oir動詞〕に代表される-re動詞と-oir動詞は、全部が不規則な語尾変化をします。

　parler（話す）に代表される動詞を、同じ人称語尾変化をする仲間が多いことから、-er動詞規則動詞と呼び、finir（終える）に代表される動詞を-ir動詞規則動詞と呼びます。

　そして、図を見ていただければわかりますが、aller（行く）、venir（来る）はそれぞれ-er動詞不規則動詞、-ir動詞不規則

動詞を代表しています。

▶ これをもらいます。〔ショッピングで〕

Je prends ceci.
ジュ プラン ススィ

Je le prends.
ジュ ル プラン

Je la prends.
ジュ ラ プラン

-er 型動詞

規則動詞

■ 話す（parler）

「私」「君」「彼」「私たち」「君たち、あなた（たち）」「彼ら」の順に、parler［パルレ］の人称語尾を示します。

	フランス語	英　語
私	je parl·e ジュ　パルル	I speak
君	tu parl·es テュ　パルル	you speak
彼	il parl·e イル　パルル	he speaks
私たち	nous parl·ons ヌゥ　　　パルロン	we speak
君たち あなた（たち）	vous parl·ez ヴゥ　　パルレ	you speak
彼ら	ils parl·ent イル　　パルル	they speak

　elle（彼女）は il（彼）と同じ語尾変化を、そして elles（彼女ら）は ils（彼ら）と同じ語尾変化をします。
　この表から語尾だけを拾い、それを英語式の発音で覚える

ことをおすすめします。語尾を覚えておくと、手紙を書く時や会話する時に便利です。

▶ 私はフランス語を話します。

Je parle français.
　ジュ　パルル　　フランセ

▶ あなたはフランス語を話します。

Vous parlez français.
　ヴゥ　　パルレ　　フランセ

> 語尾変化
> -e［イー］・-es［イーエス］・-e［イー］
> -ons［オンス］・-ez［イーゼット］・-ent［エント］

　発音は、［パルル］［パルロン］［パルレ］の3つだけです。ils（彼ら）、elles（彼女ら）の parlent の -ent は、発音しない［エント］です。

■ 望む（désirer）

　désirer［デズィレ］は、-er 動詞規則動詞です。したがって、「私は欲する」は、je parle と同じように、je désire［デズィール］と変化します。

▶ 私はベッドが一つついた部屋が欲しいです。

Je désire une chambre à un lit.
ジュ デズィール ユヌ シャーンブル ア アン リ

▶ 私はもう一日、余計にとどまりたい。

Je désire séjourner un jour de plus.
ジュ デズィール セジュルネ アン ジュル ドゥ プリュ

閉める（fermer）

「(店を) 閉める」も規則動詞の fermer ［フェルメ］です。

▶ あなたは何時に閉めますか？

A quelle heure fermez-vous?（※ à → A に注意）
ア ケ ル・ウル フェルメ ヴゥ

Chapitre 2 基本文法

不規則動詞

■ 行く（aller）

parler［パルレ］（話す）や aimer［エメ］（愛する）といった -er 動詞規則動詞のほかに、aller［アレ］（行く）のような -er 動詞不規則動詞もあります。

頻繁に用いられるこの aller は、次の変化をします。

	フランス語	英 語
私	je vais ジュ ヴェ	I go
君	tu vas テュ ヴァ	you go
彼	il va イル ヴァ	he goes
私たち	nous allons ヌゥ ザ・ロン	we go
君たち あなた（たち）	vous allez ヴゥ ザ・レ	you go
彼ら	ils vont イル ヴォン	they go

「彼女は〜」は elle va 〜、「彼女らは〜」は elles vont 〜 になります。

je vais（私は行く）、tu vas（君は行く）、il va（彼は行く）

41

を覚えるのは大変で、英語はよかったという感想を抱かれると思います。

　そのかわり，スペイン語やイタリア語はフランス語を土台にして習得できます。動詞を見たり聞いたりすれば、主語が誰であるかがわかるためです。主語が省略されるスペイン語・イタリア語の特徴にとまどうことはありますが。

▶︎　私はいくつかの果物を買いに行きます。

　　Je vais acheter quelques fruits.
　　　ジュ　ヴェ　ザ・シュテ　　ケルク　　　フリュイ

　（私は・行く・買う・いくつかの・果物）

　quelque は「ある」(英語の some)、quelques は「いくつかの」(英語の a few) です。

▶︎　出かけましょう。

　　Allons-y.
　　　アロン　ズ・ィ

▶︎　買い物に行きましょう。

　　Allons faire des achats.
　　　アロン　フェール　デ　ザ・シャ

ir 型動詞

規則動詞

■ 終える（finir）

parler（話す）、aller（行く）などの次は、finir［フィニール］です。英語の finish です。

	フランス語	英語
私	je finis ジュ フィニ	I finish
君	tu finis テュ フィニ	you finish
彼	il finit イル フィニ	he finishes
私たち	nous finissons ヌゥ フィニソン	we finish
君たち あなた（たち）	vous finissez ヴゥ フィニセ	you finish
彼ら	ils finissent イル フィニス	they finish

▶ 待ってください、仕事を片づけますから。

Please wait, I finish my work.

Attendez, je finis mon travail.
アタンデ　ジュ フィニ　モン トゥラヴァィユ

不規則動詞

■ 来る（venir）

venir（来る）も aller（行く）と共に、頻繁に用いられる動詞です。

	フランス語	英　語
私	je viens ジュ ヴィヤン	I come
君	tu viens テュ ヴィヤン	you come
彼	il vient イル ヴィヤン	he comes
私たち	nous venons ヌゥ　　ヴノン	we come
君たち あなた（たち）	vous venez ヴゥ　　ヴネ	you come
彼ら	ils viennent イル　　ヴィエヌ	they come

▶ 私は日本から来ました。

Je viens du Japon.
ジュ ヴィヤン デュ ジャポン

▶ 来て私の家を見て。

Viens voir ma maison.
ヴィヤン ヴォワール マ　　メゾン

-re 型動詞と -oir 型動詞

-re 型動詞と -oir 型動詞はすべて不規則

-re 型動詞の代表は faire［フェール］（する、作る）（英語の do, make）で、-oir 型動詞の代表は devoir［ドゥヴォワール］（〜しなければならない）（英語の must）です。-re 型と -oir 型は全部不規則です。

■ する、作る（faire）

	フランス語	英語
私	je fais ジュ フェ	I do / make
君	tu fais テュ フェ	you do / make
彼	il fait イル フェ	he does / makes
私たち	nous faisons ヌゥ フゾン	we do / make
君たち あなた（たち）	vous faites ヴゥ フェット	you do / make
彼ら	ils font イル フォン	they do / make

faire［フェール］（英語の do, make）は、「時、天候、寒暖、

明暗」を表す時に、非人称主語の il（英語の it）と共に用いられます。

▶ 天気が良い。　It is fine.
　　　　　　　　Il fait beau.
　　　　　　　　イル　フェ　ボオ

■ ～しなければならない（devoir ＋ 不定法）

私	je dois ジュ　ドワ	私たち	nous devons ヌゥ　ドゥヴォン
君	tu dois テュ　ドワ	君たち, あなた(たち)	vous devez ヴゥ　ドゥヴェ
彼	il doit イル　ドワ	彼ら	ils doivent イル　ドワーヴ

▶ 私はこの仕事を終えなければならない。

I must finish this work.

Je dois terminer ce travail.
ジュ　ドワ　　テルミネ　　ストゥラヴァイユ

※「devoir+ 不定法」は，英語の「must+ 動詞の原形」

▶ 私は銀行へ行かなければならない。

I must go to the bank.

Je dois aller à la banque.
ジュ　ドワ　アレ　ア　ラ　バーンク

多くの動詞にほぼ当てはまる、語尾変化の公式

動詞の不定法の4種類の語尾(-er, -ir, -re, -oir)を示す表に、負けず劣らず便利な表があります。

```
─── parler（話す）───
parl·e      parl·ons
parl·es     parl·ez
parl·e      parl·ent
```

```
─── finir（終える）───
fin·is      fin·issons
fin·is      fin·issez
fin·it      fin·issent
```

語尾だけを見てみると

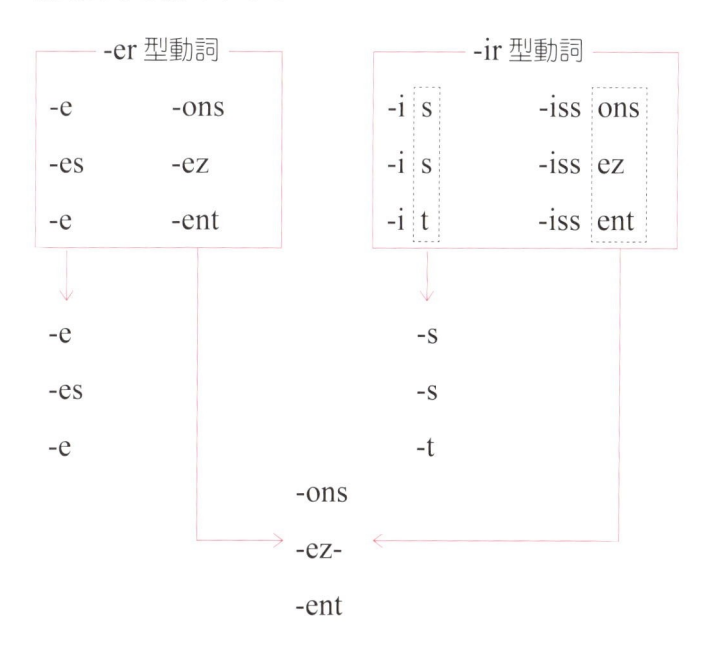

```
─── -er 型動詞 ───
-e      -ons
-es     -ez
-e      -ent
```

```
─── -ir 型動詞 ───
-i│s│     -iss│ons│
-i│s│     -iss│ez│
-i│t│     -iss│ent│
```

-e
-es
-e

-s
-s
-t

-ons
-ez-
-ent

〈例1　-oir 型動詞〉

voir（見る）の変化

	フランス語	英　語
私	je vois ジュ ヴォワ	I see
君	tu vois テュ ヴォワ	you see
彼	il voit イル ヴォワ	he sees
私たち	nous voyons ヌゥ ヴォ・ワイヨン	we see
君たち あなた（たち）	vous voyez ヴゥ ヴォワイエ	you see
彼ら	ils voient イル　ヴォワ	they see

　この voir の語尾変化は、全部が -ir 型動詞の語尾変化 -s・-s・-t・-ons・-ez・-ent に合致します。

〈例2　-ir型動詞〉

ouvrir（開ける）の変化

	フランス語	英　語
私	j' ouvre ジュウゥヴル	I open
君	tu ouvres テュウゥヴル	you open
彼	il ouvre イルゥヴル	he opens
私たち	nous ouvrons ヌゥズヴロン	we open
君たち あなた（たち）	vous ouvrez ヴゥズヴレ	you open
彼ら	ils ouvrent イルズゥヴル	they open

　このouvrirの語尾変化も、全部が-er型動詞の語尾変化 -e・-es・-e・-ons・-ez・-ent に合致します。

▶　窓を開けていただけますか？
　　Voulez-vous ouvrir la fenêtre?
　　　ヴゥレ　　ヴゥ　ヴゥヴリール　ラ　フネトゥル

Section 7 「〜である」と「〜を持つ」

動詞 2

英語の be にあたる être（〜である）

	フランス語	英語
私	je suis ジュ スユイ	I am
君	tu es テュ エ	you are
彼	il est イ レ	he is
私たち	nous sommes ヌゥ ソム	we are
君たち あなた（たち）	vous êtes ヴゥ ゼ・ート	you are
彼ら	ils sont イル ソン	they are

▶ 私は日本人です。

Je suis japonais(e).
ジュ スュイ ジャポネ(ーズ)

▶ 私は忙しいです。

Je suis occupé(e).
ジュ スュイ オキュペ

「彼女は〜」は elle est 〜、そして「彼女らは〜」は elles sont 〜になります。

「それ〔これ、あれ〕は〜である」も覚えましょう。単数形も複数形も ce です。

▶ それは〜である。　It is 〜.
　　　　　　　　　Ce　est 〜.（→ C'est 〜.）
　　　　　　　　　ス　エ

▶ それらは〜である。　They are 〜.
　　　　　　　　　　Ce　sont 〜.
　　　　　　　　　　ス　ソン

être［エートゥル］（〜である）を使うと、会話の範囲がだいぶ広がります。

▶ それは私には高すぎます。
　It is too expensive for me.
　C'est trop cher pour moi.
　セ　　トゥロ　シェール　プウル　モワ

▶ これはいくらですか？
　How much is this?
　C'est combien?
　セ　　コンビヤン

これは "Combien?" だけでも通じますし、文法通りの "Combien est-ce?"［コンビヤン・エ・ス］もあります。est-ce? は c'est の疑問形です。

英語の have にあたる avoir（〜を持つ）

	フランス語	英　語
私	je ai (→ j'ai) ジュ エ　　ジ・エ	I have
君	tu as テュ ア	you have
彼	il a イ ラ	he has
私たち	nous avons ヌゥ　ザ・ヴォン	we have
君たち あなた（たち）	vous avez ヴゥ　ザ・ヴェ	you have
彼ら	ils ont イル ソ・ン	they have

avoir［アヴォワール］（持つ）を覚えると、être（〜である）と共にさらに会話の範囲が広がります。

▶ 私は熱があります。

　Je ai de la fièvre.
　ジュ エ ドゥ ラ フィエーヴル

▶ 私はのどが渇いています。

　Je ai soif.
　ジュ エ ソワフ

「〜がある」

「〜がある」はフランス語では Il y a 〜 . と表現します。

「〜がある」（英語の there is 〜 , there are 〜）は、avoir（→ a）を使って表現します。

Il y a 〜 . ［イ・リ・ヤ〜］と言います。

「それは・そこに・（〜を）持つ」が直訳です。

Il y a 〜 . = $\begin{cases} \text{There is } \sim . \\ \text{There are } \sim . \end{cases}$

▶ 庭に３本の木があります。

There are three trees in the garden.

Il y a trois arbres dans le jardin.
イ リ ヤ トゥロワ ザ・ルブル ダン ル ジャルダン

▶ 波が荒いです。（大きな波があります。）

Il y a de grosses vagues.
イ リ ヤ ドゥ グロッス ヴァーグ

「ありますか？」の言い方

▶ ありますか？
Est-ce qu'il y a?
エ ス キ リヤ

Y a-t-il?
イ ヤテ・ィル

　Est-ce que［エ・ス・ク］は、英語にそのまま置きかえると Is it that で、肯定文の前について、疑問文にする働きがあります。

　Est-ce que の前に Que［ク］（英語の What）をつけると、「何？」という意味になります。

▶ あなたは何を持っていますか？（どうなさいましたか？）
What do you have?

Qu'est-ce que vous avez?
ケ ス ク ヴゥ ザ・ヴェ

　この文は言葉通りの意味のほかに、医者が患者にいちばん初めに言う言葉にもなります。「持つ」が「病気を持つ」意味で使われ、「どうなさいましたか？」です。

英語の no や not はフランス語では ne 〜 pas

I have no money.　　　（私はお金を持っていません）
I do not go.　　　　　（私は行きません）

フランス語ではこの no, not が ne 〜 pas［ヌ・パ］になります。ne と pas で動詞を挟んで否定文を作ります。

▶ 私は行きません。
　I do not go.　　　　　Je ne vais pas.
　　　　　　　　　　　　ジュ ヌ ヴェ パ

▶ 私は知りません。
　I do not know.　　　　Je ne sais pas.
　　　　　　　　　　　　ジュ ヌ セ パ

▶ 私はお金を持っていません。
　I have no money.　　　Je n'ai pas d'argent.
　　　　　　　　　　　　ジュ ネ パ ダ・ルジャン

「〜はありません」

「〜がある」（英語の There is 〜, There are 〜）を表す Il y a 〜 の文は、否定の時に ne が y と結びつきます。

There are some trees in the garden.

〈肯定文〉　Il y a des arbres dans le jardin.
　　　　　イリャ　デ　ザ・ルヴル　ダン　ル　ジャルダン

庭に木が何本かあります。

〈否定文〉　Il n'y a pas d'arbres dans le jardin.
　　　　　イル　ニ　ャ　パ　ダ・ルブル　ダン　ル　ジャルダン

庭に木はありません。

否定の代名詞 nobody〔人〕には ne 〜 personne が用いられ、nothing〔物〕には ne 〜 rien が用いられます。

▶ 誰もいません。
　There is nobody.　　　Il n'y a personne.
　　　　　　　　　　　　イル　ニ　ャ　ペルソンヌ

▶ 何もありません。
　There is nothing.　　　Il n'y a rien.
　　　　　　　　　　　　イル　ニ　ャ　リヤン

▶ 何もする事がありません。
　There is nothing to do.　Il n'y a rien à faire.
　　　　　　　　　　　　　イル　ニ　ャ　リヤン　ナ　フェール

Section 9 「〜ですか？」

CD 11　疑問文

疑問文には形が3つ

▶ あなたはフランス人ですか？

　Are you a Frenchman?

① Est-ce que vous êtes Français?
　エ　ス　ク　ヴゥ　ゼ・ート　フランセ

② Etes-vous Français?
　エート　ヴゥ　フランセ

③ Vous êtes Français?
　ヴゥ　ゼ・ート　フランセ

① vous êtes は英語の you are です。肯定文の「あなたはフランス人です」のアタマに、Est-ce que をつけて、疑問文を作ります。

② Etes-vous 〜 ?（＝英語の Are you 〜 ?）という形の疑問文もあります。êtes → Etes と、＾が取れます。

③ もう一つ、日常会話では Vous êtes Français ? と、肯定文の語尾を上げるだけで疑問文として使います。

この3つの形は、être（〜である）の動詞の場合ですが、同じことが avoir（持つ）の動詞についてもいえます。

Chapitre 2 基本文法

▶ 〜を持っていますか？

Est-ce que vous avez 〜 ?
エ ス ク ヴゥ ザ・ヴェ

Avez-vous 〜 ?
アヴェ ヴゥ

Vous avez 〜 ?
ヴゥ ザ・ヴェ

▶ あの青年をご存知ですか？

Est-ce que vous connaissez ce jeune homme ?
エ ス ク ヴゥ コネセ ス ジュヌ オム

ただし、Il y a 〜．（〜がある）の疑問文は次の2つが主で、Il y a 〜？はあまり使いません。

▶ 〜がありますか？

Est-ce qu'il y a 〜 ?
エ ス キ リ ヤ

Y a-t-il 〜 ?
イ ヤテ・ィル

英語の what（何）、which（どちら）、who（誰）、when（いつ）、where（どこ）、how many（いくつ）などと同じように、フランス語にも疑問詞があります。

Quel ～ ?（何？　どんな？）

▶ 今日のメニューは何ですか？

　Quel est le plat du jour?
　ケ　　レ　ル　プラ　デュ　ジュール

▶ どんな映画が好き？

　Quel film tu aimes?
　ケル　フィルム テュ　エーム

▶ 何をしているの？

　Qu'est-ce que tu es en train de faire?
　ケ　ス　ク　テュ　エ　オン　トラン　ドゥ　フェール

Lequel ～ ?　Laquelle ～ ?（どちら？）

▶ どちらがあなたの息子さんですか？

　Lequel est votre fils?
　ルケ　　レ　ヴォートゥル フィス

60

▶ どちらがより高いですか？

Laquelle est plus chère?
ラケ　レ　プリュ　シェール

▶ どちらが好き？

Lequel tu aimes?
ルケル　テュ　エーム

● Qui 〜？（誰？　どなた？）

▶ どなたですか？

Qui est-ce?
キ　エ　ス

▶ フランソワって誰？

Qui est François?
キ　エ　フランソワ

▶ 誰が今夜来るの？

Qui vient ce soir?
キ　ヴィヤン　ス　ソワール

● Quand 〜？（いつ？）

▶ いつ戻って来るの？

Quand tu reviens?
カン　テュ　ルヴィヤン

▶ いつ読んだの？

Quand tu as lu?
カン　テュ　ア　リュ

Où ～? （どこ？）

▶ ミホさんはどこ？

Où est Miho?
ウ　エ　ミホ

▶ レジはどこですか？

Où est la caisse?
ウ　エ　ラ　ケス

▶ どこへ行くの？

Où tu vas?
ウ　テュ　ヴァ

Combien ～? （いくつ？　どれくらい？）

▶ トマトはいくつ要りますか？

Combien de tomates voulez-vous?
コンビヤン　ドゥ　トマットゥ　ヴレ　ヴ

▶ 何人来ますか？

Combien de personnes viennent?
コンビヤン　ドゥ　ペルソン　ヴィエンヌ

Section 11 「～しました」
過去

動詞の時制には、現在・過去・未来の3つがあります。そして過去には、「会話体の過去（複合過去）」「継続と習慣を表す半過去」「文章体の単純過去」の3つがあります。

● 複合過去（会話体の過去）

複合過去は、英語の現在完了（have＋過去分詞）と同じ形ですが、会話で過去のことを述べるのに用います。

▶ 私は昨日スカートを買いました。

J'ai acheté cette jupe hier.
ジ・エ　アシュテ　セッテ　ジュップ　イエール

▶ 私は風邪をひきました。

J'ai pris froid.
ジ・エ　プリ　フロワ

▶ 私は財布をなくしました。

J'ai perdu mon portefeuille.
ジ・エ　ペルデュ　モン　ポルトフィユ

▶ 食事はもうおすみですか（食べましたか）？

Avez-vous déjà mangé?
アヴェ　ヴゥ　デジャ　マンジェ

▶ パリに行かれたことがありますか？

Etes-vous déjà allé(e) à Paris?
エート　ヴゥ　デジャ　アレ　ア　パリ

　上の「行く」のような移動を表す自動詞は、êtreで複合過去を作ります。vousが女性ならalléeです。

「移動」を表す自動詞			
aller アレ	（行く）	arriver アリヴェ	（到着する）
venir ヴニール	（来る）	monter モンテ	（登る・乗る）
sortir ソルティール	（出る）	descendre デサーンドゥル	（下る・降りる）
entrer アントゥレ	（入る）	naître ネートゥル	（生まれる）
partir パルティール	（出発する）	mourir ムゥリール	（死ぬ）

半過去（過去における継続と習慣）

過去における継続（〜していた）・習慣（〜したものだ）を表します。半過去は規則動詞でも不規則動詞でも、「エ・エ・エ・イヨン・イエ・エー」の語尾をつけて表します。

-ais・-ais・-ait・-ions・-iez・-aient
エ　　エ　　エ　　イヨン　イエ　　エー

▶ 私たちの家は快適であった。〔過去の継続〕

Notre maison était confortable.
ノートゥル　メゾン　エテ　コンフォタブル

▶ 私は日曜日には教会へ行ったものだ。〔過去の習慣〕

Tous les dimanches, j'allais à l'église.
トゥ　レ　ディマーンシュ　ジャレ　ア　レ・グリーズ

単純過去（文章体の過去）

文章体の過去（小説・歴史）は、単純過去（〜した）を用います。単純過去は「エ・ア・ア・アーム・アート・エール」または「ユ・ユ・ユ・ユーム・ユート・ユール」の語尾をつけて表します。

-ai・-as・-a・-âmes・-âtes・-èrent
エ　ア　ア　アーム　アート　エール

または

-us・-us・-ut・-ûmes・-ûtes・-urent
ユ　ユ　ユ　ユーム　ユート　ユール

▶ 彼は祖国のために死んだ。

Il mourut pour sa patrie.
イル　ムウリュ　プウル　サ　パトゥリ

Section 12 「〜するでしょう」

CD 14 — 単純未来

単純未来

単純未来（会話ではこれを用います）は、不定法の語幹に「レ・ラ・ラ・ロン・レ・ロン」の語尾をつけるとでき上がります。「単純」は、助動詞がないことを意味します。

> -rai ・ -ras ・ -ra ・ -rons ・ -rez ・ -ront
> レ　　ラ　　ラ　　ロン　　レ　　ロン

▶ 彼は5時に来ます。

　Il viendra à cinq heures.
　イルヴィヤンドゥラ ア　サーン　ク・ウル

▶ 私は明日、美術館に行きます。

　Je visiterai le musée demain.
　ジュ　ヴィジトレ　ル　ミュゼ　ドゥマン

être（〜である）と avoir（〜を持つ）の未来形

〈être の未来形〉

私	serai スレ	私たち	serons スロン
君	seras スラ	君たち，あなた（たち）	serez スレ
彼	sera スラ	彼ら	seront スロン

〈avoir の未来形〉

私	aurai オレ(オーレ)	私たち	aurons オロン(オーロン)
君	auras オラ(オーラ)	君たち，あなた（たち）	aurez オレ(オーレ)
彼	aura オラ(オーラ)	彼ら	auront オロン(オーロン)

　上の2つは不規則動詞なので、語幹は不規則な変化をしています。規則動詞は、例えば aimer → aimerai（私）となります。

Section 13 「～される」「～された」

受動態

英語の受動態の by は、フランス語では de または par

下の文は、「ポールはマリーを愛している」(Paul loves Mary.) を受動態にした文です。

▶ マリーはポールに愛されている。
　Mary is loved by Paul.
　Marie est aimée de Paul.
　マリ　エ　テ・メ　ドゥ　ポル

もう一つ、受動態の文を示します。

▶ 月はみんなに見られます。
　The moon is seen by all people.
　La lune est vue de tout le monde.
　ラ　リュヌ　エ　ヴュ　ドゥ　トゥ　ル　モーンド

英語の by が、フランス語では、動作主の心の動きや、習慣的、不確定な動作を示す時に de となり、具体的・決定的・特殊・異常な動作を示す時に par となります。

▶ その窓はポールによって開けられる。

The window is opened by Paul.

La fenêtre est ouverte par Paul.
　ラ　　フネトゥル　　エ　ト・ゥヴェルト　パル　ポル

　動作主が示されていない時は、動作が終わった状態を示します。

▶ 窓は開けはなされている。

The windows are kept open.

Les fenêtres sont ouvertes.
　レ　　フネトゥル　　ソン　ト・ゥヴェルト

受動態の過去形

▶ その窓はその少年によって壊されました。

The window was broken by the boy.

La fenêtre a été brisée par le garçon.
　ラ　フネトゥル　ア　エテ　ブリゼ　パル　ル　ガルソン

受動態の未来形

▶ もし彼がそれをすれば〔現在形〕、彼は罰せられる〔受動態の未来形〕。

S'il le fait, il sera puni.
　ス・ィル　ル　フェ　イル　スラ　ピュニ

過去分詞

受動態や複合過去で話す時には、動詞の過去分詞を覚えておく必要があります。

	不定法	過去分詞
～である	être	été [エテ]
～を持つ	avoir	eu [ユ]
行く	aller	allé [アレ]
来る	venir	venu [ヴニュ]
終える	finir	fini [フィニ]
言う	dire	dit [ディ]
生まれる	naître	né [ネ]
生きる	vivre	vécu [ヴェキュ]
死ぬ	mourir	mort [モール]
置く	mettre	mis [ミ]

Section 14 「〜したいのですが」

CD 16　条件法

フランス語の「〜法」は４つ

　フランス語の「〜法」には、直説法・条件法〔英語の仮定法〕・接続法〔英語にはない〕・命令法の４つがあります。

● 直説法と条件法

　「直説法」が現実のことを表すのに対して、「条件法」は、「もしお金があれば別荘を買いたいのだが」のように、英語の「仮定法」にあたり、非現実にもとづいた言い方です。
　「条件法（現在）」はまた、日常会話の丁寧表現になります。動詞の語幹に「レ・ラ・ラ・リヨン・リエ・レエ」の語尾をつけて表します。

-rais ・ -rais ・ -rait ・ -rions ・ -riez ・ -raient
　レ　　　ラ　　　ラ　　　リヨン　　リエ　　　レエ

▶ デュランさんにお話ししたいのですが。〔電話で〕
　Je voudrais parler à Monsieur Durand.
　ジュ　ヴゥドゥレ　パルレ　ア　ムッシウ　デュラン

Chapitre 2 基本文法

▶ もっとゆっくり話していただけますでしょうか？

Pourriez-vous parler plus lentement?
ブゥリエ　ヴゥ　パルレ　プリュ　ラントマン

● **接続法**

「接続法」は、話し手の頭の中で考えられたこと、主観的なことを表現するのに用いられます。原則として、従属節中で用いられます。

▶ あなたが<u>来ること</u>を（私は）望みます。

I hope that you come.

Je veux que vous <u>veniez</u>.
ジュ　ヴゥ　ク　ヴゥ　ヴニエ

上のように、頭の中で考えられたことは、動詞を接続法のつづりにして述べます。

Vous venez.（あなたが来る）
は直説法です。

Section 15 「se ＋不定法」

CD 17　代名動詞

英語の「動詞＋oneself」のような働き

例えば「この仕事は私を疲れさせる」の「私を（me）、疲れさせる（fatigue）」は、me という代名詞をとることから、代名動詞と呼ばれます。

▶ 私は毎朝、早く起きます。（←私を・起こす）

　Je me lève tôt tous les matins.
　ジュ　ム　レヴ　ト　トゥ　レ　マタン

▶ 彼は頭を洗う。（←彼を、頭という箇所について洗う）

　Il se lave la tête.
　イル ス　ラヴ　ラ　テート

代名動詞は複合過去形において、移動を表す自動詞と同じく、「être ＋過去分詞」（英語の be 動詞＋過去分詞）の形をとります。

▶ 私はアンリとパリへ行きました。

　Je suis allé(e) à Paris avec Henri.
　ジュ スュイ　ザ・レ　ア　パリ　アヴェック　アンリ

Chapitre 2 基本文法

▶ 私は昨日の朝、早く起きました。

Je me suis levé(e) tôt hier matin.
ジュ ム スュイ ルヴェ ト イエール マタン

15 「se ＋不定法」

Chapitre 3
日常生活のやさしいフレーズ

　Chapitre 3 は、フランス人とのあいさつや趣味の話などを通して、簡単な会話力が自然に身につくことを目的としています。Chapitre 2 で学んだ文法も繰り返し説明していきます。

　日本文を読んでみて、その6割をフランス語で口に出して言えれば、もうあなたはフランスへ行っても大丈夫です。さあ、さっそくトライしてみましょう。

Section 1

あいさつ

CD 18

● おはようございます。

Bonjour, monsieur. 〔男性に〕
ボンジウル　　ムッシウ

> bonjour の bon は英語の good、そして jour は英語の day です。この表現を朝から午後まで使います。

● こんにちは。

Bonjour, madame. 〔既婚女性に〕
ボンジウル　　マダム

> 「おはよう」も「こんにちは」も Bonjour. です。午前も昼間も共通です。madame は既婚女性に対して言います。

● ご機嫌いかがですか？

Comment allez-vous?
コマン　　タ・レ　　ヴゥ

● 元気？

Comment vas-tu?
コマン　　ヴァ テュ

> 普通の会話は Comment allez-vous? ですが、親しい間柄ではこの表現が用いられます。

Chapitre 3 日常生活のやさしいフレーズ

🌸 お会いできてうれしいです。
Je suis heureux(se) de vous voir.
ジュ スュイ ス・ウルウ（ズ） ドゥ ヴゥ ヴォワール

> de 〜は「うれしい」の理由を示しています。voir には「見る」のほかに「会う」の意味があります。

🌸 こんばんは。
Bonsoir, mademoiselle. 〔未婚女性に〕
ボンソワール　マドゥモワゼル

> 「こんばんは」には soir（夕方）を使います。mademoiselle は未婚女性に対して言います。

🌸 おやすみなさい。
Bonne nuit.
ボンヌ　ニュイ

> bon jour と bon soir は「男性形容詞＋男性名詞」です。bonne nuit（良い・夜）は「女性形容詞＋女性名詞」です。

🌸 さようなら。
Au revoir.
オ ルヴォワール

> au（à le）の à は英語の to で、le は英語の the です。re は「再び」、voir は「会うこと」です。「再び・会うこと・を（望みます）」の意味です。

1 あいさつ

Section 2

お礼、おわび

お礼

● ありがとうございます。

Merci beaucoup.
メルスィ　ボクウ

> merci は「感謝、ありがたさ」〔名詞〕で、beaucoup は「大変、たくさん」〔副詞〕（英語の much）です。

● あなたに感謝します。

Je vous remercie.
ジュ　ヴゥ　ルメルシ

● どうもご親切に。

C'est très gentil.
セ　トゥレ　ジャンティ

> 言葉通りに訳すと「Ce（それは）est（です）très（大変）gentil（親切な）」です。Ce est［ス　エ］は発音とつづりが詰まって、C'est［セ］となります。

Chapitre 3 日常生活のやさしいフレーズ

● プレゼントをありがとう。

Merci pour le cadeau!
メルスィ　プー　ル　カドー

● メールをありがとう。

Merci pour ton mél!
メルスィ　プー　トン　メル

● いろいろありがとう。

Merci pour tout!
メルスィ　プー　トゥ

おわび

● どうもすみません。

Excusez-moi.
エクスキュゼ　モワ

> 英語の Excuse me. です。vous excusez（あなたは許す）の vous を取って、命令形にしたものです。-moi は強勢形で、je → moi の変化です。

● 本当に申し訳ありません。
Je suis vraiment désolé(e).
ジュ スュイ　ヴレマン　デゾレ

>　話し手（Je）が男性の場合は désolé、女性の場合は désolée で最後に -e がつきます。同じ発音です。vraiment（本当に）は副詞です。suis は être の変化です。

● 遅れてすみません。
Excusez-moi d'être en retard.
エクスキュゼ　モワ　デ・ートゥル アン ルタール

>　Excusez ～ de（→ d'）は、「～を許してください」になります。d'（← de）は「～について」〔前置詞〕です。être は「～である、～している」（英語の be）です。en は「～の状態に」、retard は「遅刻」です。したがって être en retard は「遅刻の状態にある」です。

Section 3 返事

CD 20

● はい。／いいえ。

Oui. ／ Non.
ウイ　　ノン

● 喜んで。

Avec plaisir.
アヴェック プレズィール

英語の With pleasure. です。plaisir は英語の pleasure です。

● 喜んでお伺いしましょう。

J'irai volontiers vous voir.
ジレ　ヴォロンティエ　ヴゥ ヴォワール

irai は aller（行く）の未来形です。

● どういたしまして。

Je vous en prie.
ジュ ヴゥ ザ・ン プリ

言葉通りに訳すと「Je（私は）vous（あなたに）en（それを）prie（お願いする）」です。vous は「あなた（がた）は、君たちは」「あなた（がた）に、君たちに」「あなた（がた）を、君たちを」の意味があります。この場合は「あなたに」です。

83

● なんでもありませんよ。

Ce n'est rien.
ス　ネ　リヤン

> C'est（= Ce est）は英語の This is, That is にあたり、ne 〜 rien がついた形です。ne 〜 pas と ne 〜 rien とでは「〜でない」と「何でもない」の意味の違いがあります。

● 賛成です。

Je suis d'accord.
ジュ スュイ　ダ・コール

● そうだと思います。

Je crois que oui.
ジュ クロワ　ク　ウイ

> croire（信じる、思う）は英語の believe です。oui（英語の yes）に、「〜だと」を意味する que がついた形です。

● そうではないと思います。

Je crois que non.
ジュ クロワ　ク　ノン

Chapitre 3 日常生活のやさしいフレーズ

● 私は信じません。
Je ne crois pas.
<small>ジュ ヌ クロワ パ</small>

> 英語の I don't believe にあたります。croire には「思う、信じる」の2つの意味があります。

● いいえ、結構です。
Non, merci.
<small>ノン メルスィ</small>

> 英語の No, thank you. と同じく、断る時の表現です。

Section 4 気持ち

● 私はうれしい。

Je suis content(e).
ジュ スュイ　コンタン（ト）

「うれしい」は形容詞の content(e)（満足した）を用います。英語には contented のほかに、satisfied や pleased などがあります。

● それは素敵ですね！

C'est magnifique!
セ　マニフィック

● 私はこの絵はすばらしいと思います。

Je trouve ce tableau superbe.
ジュ トゥルウヴ ス タブロオ　スュペルブ

「～を～と思う」は、trouver（英語の find）を用います。trouver は -er 型動詞（規則動詞）です。

● ここは気に入りましたか？

Est-ce que vous vous plaisez ici?
エ ス ク ヴゥ ヴゥ プレゼ イスィ

「気に入る」は se plaire〔代名動詞〕です。

Chapitre 3　日常生活のやさしいフレーズ

● それは驚いた！

C'est étonnant!
　セ　テ・トナン

> étonner（英語の surprise）は「驚かす」〔動詞〕です。-er の所に -ant がついて形容詞（英語の surprising）になっています。

● 信じられない！

Ce n'est pas croyable!
　ス　ネ　パ　クロワイヤーブル

> 動詞の「信じる、思う」は croire です。

● すごい！

Super! / Terrible!
　スュペール　　　テリブル

> super は supérieur（優れた）の略です。

● まさか！

Incroyable!
アンクロワイヤーブル

87

Section 5　自分のこと

● 私は佐藤京子と言います。

Je m'appelle Kyoko Sato.
ジュ　マペール　キョウコ　サトウ

● 私は東京で働いています。

Je travaille à Tokyo.
ジュ トラヴァイユ ア トキョ

● 私はテニスが好きです。

J'aime bien jouer au tennis.
ジ・エム　ビヤン　ジュエ　オ　テニス

> bien は、ここでは「大変、非常に、大いに」です。au は à le です。

● 私はチョコレートが好きです。

J'aime le chocolat.
ジ・エム　ル　ショコラ

> 英語の I like ～（～が好きです）の言い方です。

Chapitre 3　日常生活のやさしいフレーズ

🌸 私は文学に関心があります。
Je m'intéresse à la littérature.
ジュ　マ・ンテレッス　ア　ラ　リテラテュール

> 「関心がある」には、interesser（興味を起こさせる）に se がついた、「興味がある」という代名動詞が用いられます。

🌸 私はフランス語を話します。
Je parle français.
ジュ　パルル　フランセ

> parler（話す）は aimer（愛する）や penser（考える）などと共に、-er 型動詞（規則動詞）です。

🌸 私はフランス語を話しません。
Je ne parle pas français.
ジュ　ヌ　パルル　パ　フランセ

> 肯定文の Je parle français.（私はフランス語を話します）を否定文にするには、parle（話す）を ne 〜 pas で挟みます。

🌸 私はフランス語があまり話せません。
Je ne parle pas bien français.
ジュ　ヌ　パルル　パ　ビヤン　フランセ

> 上の文に bien が加わりました。bien は「上手に」〔副詞〕を意味します。

Section 6

相手にたずねる

● あなたのお名前は何ですか？

Quel est votre nom?
ケ　レ　　ヴォートゥル　ノン

> nom（名前）は男性名詞ですから、疑問詞は Quel（英語の What）です。これはそのまま英語の What is your name? にあたります。

● あなたは何とおっしゃいますか？

Comment vous appelez-vous?
コマン　　　ヴゥ　　ザ・プレ　　ヴゥ

> 前のほうの vous が、se appeler〔代名動詞〕の se にあたります。appeler（呼ぶ）は j'appelle, tu appelles というように、l が ll に変わるので、-er 型動詞（不規則動詞）です。

● どんな趣味をおもちですか？

Qu'est-ce que vous avez comme passe-temps?
ケ　ス　　ク　　ヴゥ　ザ・ヴェ　　コム　　　パス　　タン

> comme は「～として（は）」を意味し、次にくる名詞は冠詞がとれます。passe-temps は「時間を・過ごす」、つまり「趣味、娯楽、時間つぶし」です。「趣味」は goût（趣味、味）、あるいは英語からきた hobby（趣味）もあります。

Chapitre 3 日常生活のやさしいフレーズ

● あなたのお誕生日はいつですか？

Quand est votre anniversaire?
<small>カン　エ　ヴォートゥル　アニヴェルセール</small>

● お仕事は何をしていらっしゃいますか？

Qu'est-ce que vous faites?
<small>ケ　ス　ク　ヴゥ　フェット</small>

> faites は faire（英語の do, make）で、「仕事などをする」という意味もあります。「～か？」が Est-ce que? で、「何？」が Qu'est-ce que? です。

● 私はデザイナーです。

Je suis styliste.
<small>ジュ スュイ スティリスト</small>

> 「身分・職業・国籍」を表す名詞は、冠詞がとれます。

● 私は医者です。

Je suis docteur.
<small>ジュ スュイ ドクトゥル</small>

> Je suis un docteur. や、Je suis un médecin. ではなく、Je suis docteur〔médecin〕. です。docteur の前に冠詞 un はつきません。「医者〔女医〕」は médecin〔femme médecin〕とも言います。

● どんなジャンルの映画が好きですか？

Quel genre de film préférez-vous?
ケル　ジャンル　ドゥ　フィルム　プレフェレ　　ヴゥ

> 「どんな種類の」（英語の What sort of）を、Quelle sorte de とも言います。

● どんな花がお好きですか？

Quelle fleur aimez-vous?
ケ　　フルウル　エメ　　ヴゥ

● あなたは日本語を話しますか？

Parlez-vous japonais?
パルレ　　ヴゥ　　ジャポネ

Est-ce que vous parlez japonais?
エ　ス　ク　ヴゥ　パルレ　　ジャポネ

● アンリは日本語を話しますか？

Henri parle-t-il japonais?
アンリ　パルル テ・ィル　　ジャポネ

> アンリ（男性の名前）についての疑問文です。フランス語は英語と違って、名詞は逆立ち（動詞・主語の順に）させることができない規則なので、代名詞を用います。-t- は発音を調整するために入ります。

Section 7 時間

何時ですか？

Quelle heure est-il?
ケ ル・ウル エテ・ィル

> 英語のWhat time is it now? のようにnowはつけません。疑問詞のquel〔男性単数〕、quelle〔女性単数〕は「どんな、何の」です。heure（時間）は英語のhour です。

3時です。

Il est trois heures.
イ レ トゥロワ ズ・ウル

> 英語のIt is three o'clock. です。「2時」「3時」「4時」…は複数形のheures になります。「1時」なら une heure と単数形になります。

彼は何時に来ますか？

A quelle heure viendra-t-il?
ア ケ ル・ウル ヴィヤンドゥラ・テ・ィル

> A は à（英語の in, at, to, with）ですが、大文字になるとアクサンがとれます。

● 彼は5時に来ます。
Il viendra à cinq heures.
イル ヴィヤンドゥラ ア サーン ク・ウル

> 「彼は・来ます」〔未来形〕は Il viendra で、「彼は・来ますか？」は Viendra-t-il? です。

● 仕事は何時に終わりますか？
A quelle heure tu finis ton travail?
ア ケ ル・ウル テュ フィニ トン トゥラヴァィユ

● 私の時計は少し進んでいます。
Ma montre avance un peu.
マ モーントゥル アヴァンス アン プゥ

> 「私の・時計」（ma montre）の ma は所有形容詞と言います。英語の my です。（avance ← avancer ）

● 私の時計は遅れています。
Ma montre retarde.
マ モーントゥル ルタル

> retarde（← retarder）

Section 8 誘う、すすめる

～しましょう

● 出かけましょう。

Allons-y.
アロンズ・ィ

> 「行く」はaller です。英語のLet's go. をフランス語では「私たちは・行く」(nous allons) からnous をとります。「私たち」に対する命令法と言います。

● レストランで食べましょう。

Mangeons au reutaurant!
モンジョン　オ　レストラン

● タクシーを拾いましょう。

Prenons un taxi.
プルノン　アン タクスィ

> prendre (取る・乗る) は、1人称単数は je prends、2人称単数は tu prends、3人称単数は il prend と変化します。

● 買い物に行きましょう。

Allons faire des achats.
アロン　フェール　デ　ザ・シャ

> 「買い物」は achat、「買い物をする」が faire des achats ですから、この文は「買い物をしに行きましょう」となります。

● 映画を観ましょう。

Regar dons un film!
ルギャル　ドン　アン フィルム

〜はいかがですか？

● コーヒーはいかがですか？

Est-ce que vous voulez un café?
エ　ス　ク　ヴゥ　ヴゥレ　アン　カフェ

● 紅茶はいかがですか？

Est-ce que vous voulez un thé?
エ　ス　ク　ヴゥ　ヴゥレ　アン テ

> 「ミルクティー」は un thé au lait です。

● ウィスキーはいかがですか？

Est-ce que vous voulez un whisky?
エ　ス　ク　ヴゥ　ヴゥレ　アン　ウイスキ

Chapitre 3 日常生活のやさしいフレーズ

● ビールはいかがですか？

Est-ce que vous voulez une bière?
エ ス ク ヴゥ ヴゥレ ユヌ ビエール

8
誘う、すすめる

Section 9 希望、予定

～したい

● フランス料理が食べたいです。
Je veux manger français.
ジュ ヴ モンジェ フロンセ

● 買い物に行きたいです。
Je veux faire les magasins.
ジュ ヴ フェール レ マガザン

● 映画を観に行きたい。
Je veux aller au cinéma.
ジュ ヴ アレ オ シネマ

● この小包を送りたいのですが。
Je voudrais envoyer ce paquet.
ジュ ヴゥドゥレ ザンヴォワイエ ス パケ

> 英語の I should like to send this parcel. です。voudrais は veux (← vouloir)（英語の want）の条件法です。

Chapitre 3　日常生活のやさしいフレーズ

● カットとセットをお願いしたいのですが。

Je voudrais une coupe et une mise en plis.
ジュ　ヴゥドゥレ　ユヌ　クプ　エ　ユヌ　ミ　ザ・ン　プリ

> coupe は「カット」、couper が「切る」です。mise は mettre（置く）の過去分詞で、この場合は名詞として用いられています。pli〔単数〕、plis〔複数〕は「折り目、うねり」です。

● お昼をごちそうしましょう。

Laissez-moi vous inviter à déjeuner.
レッセ　モワ　ヴゥ　ザ・ンヴィテア　デジュネ

> 日本語は「〜しましょう」ですが、意味は「ごちそうさせてください」と言っているのです。ですから laisser（〜させる）という、英語の let にあたる動詞が使われたのです。「昼食」は déjeuner、「朝食」は petit déjeuner（小さい昼食）、「夕食」は dîner［ディネ］です。

● 私はパリに長くとどまるつもりです。

J'ai l'intention de rester longtemps à Paris.
ジ・エ　ラ・ンタンスィヨン ドゥ　レステ　ロンタン　ア　パリ

> 英語では動詞の intend（意図する）と名詞の intention（意図）があります。「意図」は l'intention、「意図する」は avoir l'intention（持つ・意図を）という表現になります。

● 私は引っ越すつもりです。

J'ai l'intention de démenager.
ジ・エ　ラ・ンタンスィヨン ドゥ　デメナジェ

9 希望、予定

● 結婚しようと思っています。

Je pense me marier.
ジュ　ポンス　ム　マリエ

〜すべきことがある〔ない〕

● 私はすることがたくさんあります。

J'ai beaucoup de choses à faire.
ジ・エ　ボクウ　ドゥ　ショーズ　ア フェール

> beaucoup は「たくさん」〔副詞〕で、beaucoup de は「たくさんの」〔形容詞〕です。à は前置詞（英語の in, at, to, with）です。à faire（なすべき）のように、「à +動詞不定法」の用い方があります。

● 何もすることがありません。

Il n'y a rien à faire.
イル　ニャ　リヤン　ナ　フェール

> 英語の There is nothing to do. です。rien（英語の nothing, anything）は「何も〜ない」で、Ce n'est rien.（何でもありません。）がよく用いられます。

～しなければなりません

● 私は銀行へ行かなければならない。

Je dois aller à la banque.
ジュ ドワ アレ ア ラ ボンク

● すぐ出発しなくてはなりません。

Je dois partir tout de suite.
ジュ ドワ パルティール トゥ ドゥ スユイット

> dois は devoir（英語の must）の人称変化です。tout de suite は熟語で、「すぐ、ただちに」です。

● すぐ帰らなければなりません。

Il faut rentrer tout de suite.
イル フォ ラントゥレ トゥ ドゥ スユイット

> faut の不定法（英語の原形）は falloir です。このフランス語は「帰る必要がある」という表現をしています。英語の It needs ～です。外部から強制されているニュアンスです。

● お金を払わなければなりません。

Il faut payer.
イル フォ ペイエ

● 旅行を延期しなければなりません。
Je suis obligé(e) de remettre mon voyage.
ジュ スュイ ソ・ブリジェ　　ドゥ　ルメットゥル　　モン　ヴォワヤージュ

> obligé(e) は英語の I am obliged で、devoir → falloir → être obligé(e) の順に、主観から客観へ、外部的な強制の表現になります。mettre が「置く」、そして remettre で「もとに返す、延期する」です。

Section 10 依頼する

～をください

● バゲットを2本ください。

Deux baguettes, s'il vous plaît.
ドゥ　バゲット　ス・イル　ヴゥ　プレ

baguette は「バゲット（棒パン）、細い棒」です。

● 2フランの切手を1枚ください。

Un timbre à deux francs, s'il vous plaît.
アン　タンブル　ア　ドゥ　フラン　ス・ィル　ヴゥ　プレ

直訳は「2フランの1枚の切手、どうぞ」です。s'（← si）il vous plaît は、「もし・それが・あなたに・気に入れば」です。si は英語の if で、plaît の不定法は plaire です。

● 靴下がほしい。

Je veux des chaussettes.
ジュ　ヴゥ　デ　ショセット

～してください

● シガレットケースを見せてください。

Montrez-moi quelques étuis à cigarettes, s'il vous plaît.
モントゥレ　モワ　ケルク　エテュイ ア　スィガレット　ス・ィル　ヴゥ　プレ

> 英語の Show me.（見せてください）です。Montrez-moi ～は命令法です。quelques は英語の some, any で、「いくつかの～」と言っています。étuis は「容器」です。

● ちょっと待ってください。

Un moment, s'il vous plaît.
アン　モマン　ス・ィル　ヴゥ　プレ

> 「待ってください」は命令法です。Un moment の前に命令の動詞の Attendez が省略されていると考えられます。これは vous に対する命令で、tu に対する命令では、つづりが Attends になります。

● やり方を教えてください。

Expliquez-moi comment faire, s'il vous plaît.
エクスプリケ　モワ　コマン　フェール ス・ィル　ヴゥ　プレ

> この文には誰がするのかは表れていません。不定法の faire が comment と結びついた Comment faire? は、「どうしたらよいだろう？」の意味です。

Chapitre 3　日常生活のやさしいフレーズ

〜していただけますか？

10 依頼する

● 手伝っていただけますか？
Pouvez-vous m'aider?
ブゥヴェ　ヴゥ　メ・デ

> 英語で言うと Can you help me? です。「〜していただけますか？」は pouvoir を使って Pouvez-vous 〜 ? と「あなた」に言います。代名詞（この場合は m' (← me)、私を）は動詞の前にきます。例えば「好きです」は Je vous aime. です。つまり英語で言うなら I you love. の語順です。

● 窓を開けていただけますか？
Voulez-vous ouvrir la fenêtre?
ヴゥレ　ヴゥ　ウゥヴリール　ラ　フネトゥル

> この Voulez-vous に名詞、例えば café（コーヒー）がつけば、Voulez-vous un café? で「コーヒーが欲しいですか？」になります。

● もう2、3分待っていただけますか？
Pouvez-vous attendre quelques minutes encore?
ブゥヴェ　ヴゥ　アタンドゥル　ケルク　ミニュト　アンコール

> encore は英語の yet（まだ）です。これが「数分」につくと、「もう数分」となります。

105

● もっとゆっくり話していただけますでしょうか？

Pourriez-vous parler plus lentement?
プゥリェ　　ヴゥ　　パルレ　プリュ　　ラントマン

> 「いただけますでしょうか？」は条件法を用いています。
> 〈直説法〉　je peux　　　　vous pouvez
> 〈条件法〉　je pourrais　　vous pourriez

● 空港まで迎えに来ていただけますか？

Pouvez-vous venir me chercher à l'aéroport?
プゥヴェ　　ヴゥ　ヴニール　ム　　シェルシェ　ア　ラ・エロポール

> この Pouvez は直説法です。英語の Can you 〜 ？ です。chercher は「探す」ですが、このように「迎える」と言う時にも用いられます。

Section 11

たずねる

～はありますか？

● この近くに銀行はありますか？

Est-ce qu'il y a une banque près d'ici?
エ ス キ・リ ヤ ユヌ バーンク プレ デ・ィスィ

> près de は英語の near（近くに）です。près d'ici で英語の near hear（この近くに）です。

● 切手はありますか？

Est-ce que vous avez des timbres?
エ ス ク ヴゥ ザ・ヴェ デ タンブル

> 先述の「銀行はありますか？」とは意味が違います。「あなたは持っていますか？」という言い方をします。これは理屈ではなく、フランスの言葉の習慣です。Vous vendez ～？（あなたは売りますか？）とは言いません。
> 「切手」をきちんと言う時は、poste（郵便）をつけて timbre-poste と言います。切手を売っている店や郵便局で尋ねる時は、timbre だけで通じます。

● 葉巻はありますか？

Esc-ce que vous avez des cigares?
エスク ヴゥ ザ・ヴェ デ スィガール

> これも「切手はありますか？」と同じ表現です。

〜していいですか？

● このパンフレットを頂いていいですか？

Est-ce que je peux prendre cette brochure, s'il vous plaît?
エスク ジュ プゥ プランドゥル セット ブロシュール ス・ィル ヴゥ プレ

Puis-je prendre cette brochure, s'il vous plaît?
ピュイ ジュ プランドゥル セット ブロシュール ス・ィル ヴゥ プレ

> 「〜していいですか？」は pouvoir を使って Puis-je 〜？と、「私」の時に言うことを覚えましょう。「〜していただけますか？」は pouvoir を使って Pouvez-vous 〜？と「あなた」に言います。

● 電話をお借りしていいですか？

Est-ce que je peux utiliser le téléphone, s'il vous plaît?
エスク ジュ プゥ ユティリゼル テレフォン ス・ィル ヴゥ プレ

Chapitre 3　日常生活のやさしいフレーズ

Puis-je utiliser le téléphone, s'il vous plaît?
ピュイ ジュ ユティリゼ ル テレフォン ス・ィル ヴゥ プレ

> 「利用する、使用する」は英語で utilize ですから、覚えやすいです。「私は〜できる」は je peux 〜で、「私は〜できますか?」は Puis-je 〜?と、発音を整えるためにつづりが変わります。

● タバコを吸っていいですか？

Puis-je fumer?
ピュイ ジュ フュメ

> 英語で言うと May I smoke? ですが、フランス語では英語の can にあたる、puis（〜してかまわない）を用います。pouvoir が不定法です。

どのように

● どうやって使うのですか？

Comment est-ce que je peux utilizer cela?
コマン エ ス ク ジュ プゥ ユティリゼ スラ

11
たずねる

Section 12

いくら？　いくつ？

● いくらですか？

C'est combien?
セ　コンビヤン

Combien ect-ce?
コンビヤン　エ　ス

Combien?
コンビヤン

> 3つの言い方があります。

● このバッグはいくらですか？

Combien coûte ce sac?
コンビヤン　クウト　ス　サック

> coûter（英語の cost）は、「値段が〜である」を意味します。sac（英語の bag, sack）は、sac à main（手に持つバッグ）とも言います（英語の handbag）。日常会話では、Ça を用いた Ça coûte combien? がよく用いられます。

Chapitre 3 日常生活のやさしいフレーズ

● 全部でいくらになりますか？

Ça fait combien en tout?
_{サ フェ コンビヤン アン トゥ}

> fait（← faire）は、この場合「（計算が）〜になる」を意味します。「全部で（en tout）それは（ça）いくら（combien）になるか（fait）？」と聞いています。

● あなたは何歳ですか？

Quel âge avez-vous?
_{ケ ラ・ージュ アヴェ・ヴゥ}

> あえて英語で直訳すると、What age have you? です。How old are you? とはだいぶ異なります。quel(le) には英語の what（何）と which（どの）の2つの意味があります。

● ご兄弟は何人ですか？

Combien de frères avez-vous?
_{コンビヤン ドゥ フレール アヴェ ヴゥ}

> 日本語では「何歳？」「何人？」のように「何」が共通ですが、フランス語では Quel âge?（何歳？）と Combien de 〜 ?（何人？）に分かれます。

Section 13

どこから？　いつから？

● どこからいらしたのですか？

D'où êtes-vous?
ドゥ　エート　ヴゥ

D'où venez-vous?
ドゥ　ヴネ　ヴゥ

> 「いらした」という日本語は、過去形や現在完了形を思わせています。「来ていますか？」のほうが、訳語として適しているかもしれません。「どこから？」は d'où（← de où）で、英語の from where です。de〔前置詞〕は英語の of, from です。

● お国はどちらですか？

Vous êtes de quel pays?
ヴゥ　ゼ・ートドゥ　ケル　ペイ

Vous venez de quel pays?
ヴゥ　ヴネ　ドゥ　ケル　ペイ

> これは「主語＋動詞」の語順ですから、肯定文をそのまま疑問文として使う、日常会話のやり方です。「どの国から？」（de quel pays）と言っています。pays は、-s がついていますが単数形です。venir（来る）は aller（行く）と共に、頻繁に用いられる動詞です。

Chapitre 3 日常生活のやさしいフレーズ

● 日本から来ました。

Je suis du Japon.
ジュ スュイ デュ ジャポン

Je viens du Japon.
ジュ ヴィヤン デュ ジャポン

> 「日本から来ています」の訳のほうが、動詞が現在形であることがわかって便利です。du は de le（英語の from the）が詰まったものです。「前置詞と定冠詞の縮約」と言います。

● いつからパリにいますか？

Depuis quand êtes-vous à Paris?
ドゥピュイ　カン　エート　ヴゥザ　パリ

> depuis（〜から、〜以来）は英語の since です。quand は「いつ」です。

● 私たちはパリに2週間滞在しています。

Nous sommes à Paris depuis deux semaines.
ヌゥ　ソム　ア　パリ　ドゥピュイ　ドゥ　スメヌ

> sommes は être（〜である）（英語の be）の人称変化です。être には「〜にいる」という意味もあります。「滞在する」は rester、あるいは séjourner という動詞があります。これらは「滞在する」という行為を客観的に述べることになります。「滞在しています」は être ですみます。

● あなたはいつ出発しますか？

Quand partez-vous?
　カン　　パルテ　　ヴゥ

● いつからここに住んでいらっしゃいますか？

Depuis quand habitez-vous ici?
　ドゥピュイ　カン　　アビテ　　ヴゥ イスィ

> 「住む」（英語の live, dwell）は、フランス語で habiter, demeurer です。ほぼ同じ意味です。

Section 14

気候、自然

● 今日は暑いですね。

Il fait chaud aujourd'hui, n'ect-ce pas?
イル フェ ショオ オジュルデュィ ネ ス パ

> aujourd'hui（今日）は副詞です。文の最初におくこともできます。n'est-ce pas? は ce n'est pas の疑問形で「～ね」です。

● 暑いです。／寒いです。／暖かいです。／涼しいです。

Il fait chaud. / Il fait froid.
イル フェ ショオ　　イル フェ フロワ

Il fait doux. / Il fait frais.
イル フェ ドゥ　　イル フェ フレ

> この chaud, froid, doux, frais は形容詞の男性形です。女性形は chaude, froide, douce, fraîche です。

● どんな天気ですか？

Quel temps fait-il?
ケル タン フェテ・ィル

115

● 良い天気です。

Il fait beau.
イル フェ ボオ

● 悪い天気です。

Il fait mauvais.
イル フェ モヴェ

● 何と良い天気でしょう！

Quel beau temps!
ケル ボオ タン

> quel には「何？」「どの？」のほかに「何と！」の意味もあります。

● 空に雲があります。

Il y a des nuages dans le ciel.
イリヤ デ ニュアージュ ダン ル スィエル

● 風があります。

Il y a du vent.
イリヤ デュ ヴァン

Chapitre 3　日常生活のやさしいフレーズ

● 今年は雨がたくさん降るらしい。

Il paraît qu'il pleut beaucoup cette année.
イル　バレ　キ・ル　プルゥ　ボクウ　セッ　タ・ンネ

14 気候、自然

paraître（〜のようだ）を使った Il paraît que 〜は英語の It appears that 〜です。que（英語の that）は接続詞です。pleuvoir（降る）には 3 人称単数以外の変化形はありません。

Section 15 電話で

● もしもし、こちらジャン・デュシェーヌです。

Allô, ici Jean Duchène.
アロ　イスィ ジャン　　デュシェーヌ

> 英語の Hello が、フランス語で Allô または Allo となります。「こちら～」を Ici ～と言います。英語で Hello. This is Jean Duchène. です。

● もしもし、デュランさんのお宅ですか？

Allô, je suis bien chez Monsieur Durand, s'il vous plaît?
アロ　ジュ スュイ ビヤン　シェ　　ムッシウ　　　デュラン　ス・ィル　ヴゥ
プレ

> 「～のお宅ですか？」の chez ～を覚えましょう。これは「～の家に」（英語の at the house of ～）という、フランス語独特の前置詞です。

Chapitre 3 日常生活のやさしいフレーズ

● デュランさんにお話ししたいのですが。
Je voudrais parler à Monsieur Durand.
ジュ　ヴゥドゥレ　パルレ　ア　ムッシウ　デュラン

15 電話で

> voudrais は「できればしたい」という、vouloir（英語の want）の条件法です。買い物をする時、レストランで注文する時など、この条件法が用いられます。Je veux とは言いません。条件法とは、「もしできるという条件のもとにあるならば」と覚えましょう。

Chapitre 4
旅行で使えるフレーズ

　フランスへ行くことになったら、Chapitre 3 とこの Chapitre 4 だけで簡単な会話力を身につけることも可能です。そういう必要にこたえるために、構文についても詳しく説明してあります。

Section 1

CD 33

ホテルで

● 私の名前は山田カズオといいます。

Je m'appelle Kazuo Yamada.
ジュ　マ・ペル　カズオ　ヤマダ

Mon nom est Kazuo Yamada.
モン　ノン　エ　カズオ　ヤマダ

> appeler（呼ぶ）は「私は私を（m' ← me）呼ぶ（appelle）（英語の call）」という代名動詞にもなります。英語の My name is Kazuo Yamada. にあたります。

● 予約してあります。

J'ai fait réserver.
ジ・エ　フェ　レゼルヴェ

> 「私は予約させました」が直訳です。これは、「予約させる」（faire réserver）が複合過去〔会話体の過去〕になった形です。

● あいた部屋はありますか？

Avez-vous des chambres libres?
アヴェ　ヴゥ　デ　シャーンブル　リーブル

> この場合、「～はありますか？」の Est-ce qu'il y a ～？ではなく、Avez-vous ～？が用いられます。

Chapitre 4 旅行で使えるフレーズ

● 部屋を見せてもらえますか？

Puis-je voir la chambre?
ピュイ ジュ ヴォワール ラ シャーンブル

> Puis-je ～ ? と Pouvez-vous ～ ? は、よく用いられます。英語の Can I ～ ? と Can you ～ ? です。

● シャワーつきで結構です。

Ce sera très bien avec une douche.
ス スラ トゥレ ビヤン アヴェッ キ・ユヌ ドゥウシュ

> sera は être (～である) の未来形です。1人称単数は je serai、2人称単数は tu seras、3人称単数は il sera と変化します。

● バスつきの部屋をお願いします。

Une chambre avec salle de bain, s'il vous plaît.
ユヌ シャーンブル アヴェック サル ドゥ バン ス・ィル ヴゥ プレ

> 「バスつきの」は、avec une salle de bain と言いますが、この場合は une がダブります。そこで avec une の une が消えます。s'il vous plaît (どうぞ) は、「もし・それが・あなたに・気に入れば」です。si il → s'il です。

● あまり高くない部屋をお願いします。

Je voudrais une chambre pas trop chère.
ジュ　ヴゥドゥレ　ユヌ　シャーンブル　パ　トゥロ　シェール

> voudrais は vouloir（望む）（英語の **want**）の条件法です。pas chère（高くない）、pas beaucoup（多くない）の言い方を覚えましょう。否定の ne ～ pas の pas です。

● もっと安い部屋はありませんか？

Il n'y en a pas de moins chère?
イル　ニ　ヤン　ナ　パ　ドゥ　モワン　シェール

> Il y a ～（～がある）の否定形が Il n'y a pas ～（～がない）です。それに中性代名詞の en（それの、それについて）がついています。これは Il y en a ～の否定文です。moins chère は「もっと安い」で、これを劣等比較級と呼びます。plus chère（より高い）の逆です。

● 中庭に面した部屋がいいのですが。

Nous voudrions une chambre qui donne sur la cour.
ヌゥ　ヴゥドゥリヨン　ユヌ　シャーンブル　キ　ドヌ　シュル
ラ　クゥル

> qui は関係代名詞（英語の **which**）で、donne（← donner）は「与える・支払う」〔他動詞〕、「～に面している」〔自動詞〕です。voudrions は条件法、voulons は直説法です。

Chapitre 4 旅行で使えるフレーズ

● いいですね。この部屋にします。

D'accord. Je la prends.
ダ・コール　ジュ ラ　プラン

> D'accord. は Je suis d'accord.（同意します、賛成です）を意味します。la は la chambre の代名詞です。

1 ホテルで

● 料金はいくらですか？

C'est combien par jour?
セ　　コンビヤン　　パル ジウル

> この par〔前置詞〕は、「〜につき」を意味します。「飛行機で」は par avion、「船（便）で」は par bateau です。

● 朝食はついていますか？

Le petit déjeuner est compris?
ル　プティ　デジュネ　エ　コンプリ

> 「朝食（petit déjeuner）」は、「昼食（déjeuner）」に petit（小さい）をつけます。compris は comprendre（含む）の過去分詞で、être（→ est）compris は「（部屋代に）含まれている」です。

● 出発します。会計をお願いします。

Je vais partir. La note, s'il vous plaît.
ジュ ヴェ パルティール　ラ　ノト　ス・ィル　ヴゥ　プレ

> 「Je vais（← aller「行く」）＋動詞」は、近い未来を示します。英語の I'm going to 〜です。partir は「出発する」です。

125

Section 2 乗り物

- これは地下鉄の地図です。
  C'est un plan de métro.
  セ タン プロン ドゥ メトロ

- リヨン駅はどこですか？
  Où est la gare de Lyon?
  ウ エ ラ ギャール ドゥ リヨン

- 空席はありますか？
  Est-ce qu'il y a de place libre?
  エ ス キ リ ヤ ドゥ プラス リーブル

- この席に座ってもいいですか？
  Puis-je prendre cette chaise?
  ピュイジュ プロンドル セット シェーズ

- 出口はどこですか？
  Où est la sortie?
  ウ エ ラ ソルティ

Chapitre 4 旅行で使えるフレーズ

● あなたのパスポートを見せてください。

Votre passeport, s'il vous plaît.
ヴォートゥル　パスポール　ス・ィル　ヴゥ　プレ

Section 3

CD 35

レストランで

● 定食はありますか？

Avez-vous un menu du jour?
アヴェ　ヴュ　アン　ムニュ　デュ ジュル

> menu は「ワンコースの献立」と「定食」の両方の意味があります。carte も「メニュー」ですが、英語の card ですから、その日の料理の一覧表を意味します。「定食」であれば menu du jour（その日の定食）を用います。

● 何が早くできますか？

Que pouvez-vous servir rapidement?
ク　プゥヴェ　ヴュ　セルヴィール　ラピドマン

> Que = Qu'est-ce que です。直訳は「何を・あなたは・早く・（料理を）出すことが・できますか？」です。

● どんな飲み物がありますか？

Quelles boissons avez-vous?
ケル　　ボワッソン　アヴェ　ヴュ

> boire が「飲む」、boisson は「飲み物、酒、アルコール飲料」を意味します。

128

Chapitre 4 　旅行で使えるフレーズ

● 赤ぶどう酒を１本。

Une bouteille de vin rouge.
ユヌ　　ブウティユ　ドゥ ヴァン　ルウジュ

> une bouteille は「１本の」ですが、参考までに un verre は「グラス１杯の」です。rouge は「赤」で、rosé が「ロゼ」、blanc が「白」です。

● 魚料理をいただきたいのですが。

Je voudrais du poisson.
ジ　　ヴゥドゥレ　デュ　　ポワソン

> poisson（魚）〔男性名詞〕に、物質名詞・抽象名詞につける部分冠詞 du がつきました。女性名詞には de la がつきます。

● あまり辛くしないでいただきたいのですが。

Je ne le voudrais pas trop épicé.
ジュ ヌ　ル　　ヴゥドゥレ　　　パ トゥロ　ペピセ

> 「私はそれを（それが）辛すぎることを望まないのですが」という、条件法の表現です。épicé は épicer の過去分詞です。

● どんな材料を使うのですか？

C'est fait avec quoi?
セ　フェ アヴェック　コワ

> 直訳は「それは何で作られていますか？」です。fait は faire（英語の do, make）の過去分詞です。前置詞の次に qui（誰、何）がくると、「何」の時は qui が quoi に変わります。

129

● もう少し欲しいのですが。

J'en voudrais un peu plus.
ジ・ャン　ヴゥドゥレ　アン　プゥ　プリュス

> Je voudrais manger encore. とも言います。manger は「食べる」です。encore は「もっと、もう一度」です。

● 私はジャガイモは好きではありません。

Je n'aime pas les pommes de terre.
ジュ ネ・ム　パ　レ　ポム　ドゥ テール

> 「愛する」（英語の love）と「好む」（英語の like）はフランス語では aimer の一つになります。

● 私はマトンは好きではありません。

Je n'aime pas le mouton.
ジュ ネ・ム　パ　ル　ムゥトン

● 欲しくありません。

Je n'en veux pas.
ジュ ナ・ン　ヴゥ　パ

> en は中性代名詞と呼ばれ、前の文に出てきた名詞の代名詞として用いられています。「それ（を）」です。

Chapitre 4 旅行で使えるフレーズ

● 塩を取ってください。

Passez-moi le sel, s'il vous plaît.
<small>パセ　モワ　ル　セル　ス・ィル　ヴゥ　プレ</small>

> これは、同じテーブルについている人に対して言う言葉です。passer には「通る、過ぎる」のほかに、「手渡す」の意味もあります。

● デザートには何がありますか？

Qu'avez-vous comme desserts?
<small>カ・ヴェ　ヴゥ　コム　デセール</small>

> comme desserts は「デザートとしては」です。Qu'avez は、Que avez が詰まったものです。この文は次のようにも言えます。Qu'est-ce que vous avez comme desserts ?

● 何かお飲みになりませんか？

Voudriez-vous boire quelque chose?
<small>ヴドリエ　ヴ　ボワール　ケルク　ショーズ</small>

● とてもおいしいですね。

C'est très bon.
<small>セ　トゥレ　ボン</small>

> 英語に置き換えると、It is very good（または delicious）. です。

3 レストランで

Section 4 ショッピング

● 何をお求めですか？

Que désirez-vous?
ク デズィレ ヴゥ

> 店員が客に対して言う表現です。もっと略して、Vous désirez? とも言います。désirer は「欲する、望む」です。

● ショーウィンドーで緑色のカーディガンを見ました。

J'ai vu un cardigan vert en vitrine.
ジ・エ ヴュ アン カルディガン ヴェール アン ヴィトゥリヌ

> vu は voir（見る）の過去分詞です。「ai（← avoir）+ vu〔過去分詞〕」ですから、会話で過去のことを言う複合過去です。en vitrine は、「ショーウィンドー・に」〔場所〕です。en の次にくる名詞は冠詞がとれます。

● そのカーディガンを見せていただけますか？

Pouvez-vous me montrer le cardigan, s'il vous plaît?
プゥヴェ ヴゥ ム モントゥレ ル カルディガン ス・ィル ヴゥ プレ

> 「見せる」は montrer です。s'il vous plaît は「もし・それが・あなたに・気に入れば→どうぞ、お願いします」です。「私は・私を・私に」は、je-me-me です。

Chapitre 4 旅行で使えるフレーズ

● これを見せていただけますでしょうか？

Pourriez-vous me montrer ceci, s'il vous plaît?
プゥリエ　　ヴゥ　ム　モントゥレ　ススィ　ス・ィル　ヴゥ　プレ

> 指示代名詞の ceci・cela（これ・あれ）は、le・la のように動詞の前には来ません。Pourriez は条件法です。

● ほかの物も見せていただけますか？

Pouvez-vous m'en montrer d'autres?
プゥヴェ　　ヴゥ　マ・ン　モントゥレ　ド・オトゥル

> 先ほどのカーディガンについての会話の続きです。en は cardigan の代名詞です。m'en montrer d'autres は「私に・それの・〜を見せる・ほかの物」です。

● 安いのが欲しい。

J'en désire un bon marché.
ジャン デズィール アン ボン　　マルシェ

> marché は「市場」で、à bon marché は「安い、安く」を意味します。un bon marché は un がついていますから、「安い物」〔名詞〕です。

● いくらですか？

C'est combien?
セ　コンビヤン

Combien est-ce?
コンビヤン　エ　ス

Combien?
コンビヤン

● このバッグは丈夫ですか？

Est-ce que ce sac est solide?
エ　ス　ク　ス　サック　エ　ソリド

Ce sac est-il solide?
ス　サック　エィル　ソリド

> 名詞は逆立ちできないので、sac の代名詞の il を逆立ちさせます。

● それは革製ですか？

Est-ce en cuir?
エ　ス　アン　キュイール

> 前置詞 en は「場所・時間・状態」のほかに、このように「材料（〜でできた）」も示します。
> 例　en étoffe（布製の）　en vinyle（ビニール製の）

Chapitre 4 旅行で使えるフレーズ

● 違う色のはありますか？

En avez-vous d'autres de couleurs differentes?
アンナ・ヴェ　ヴゥ　ド・オトゥル　ドゥ　クゥルウル　ディフェラント

> この en は、「それの、それについて（の）」を意味する中性代名詞です。「色」は couleur, 形は forme です。

● これをもらいます。

Je prends ceci.
ジュ　プラン　ススィ

Je le prends.
ジュ　ル　プラン

Je la prends.
ジュ　ラ　プラン

● これは好みではありません。

Cela ne me plaît pas.
スラ　ヌ　ム　プレ　パ

> plaît は plaire（気に入る）の人称変化です。Il me plaît.（私に気に入る）のように、非人称主語の il が用いられます。

135

● 70歳の婦人には何が良いでしょうか？

Que me proposez-vous pour une dame de soixante-dix ans?
<small>ク ム プロポゼ ヴゥ ブウル ユヌ ダーム ドゥ ソワサーント ディ ザ・ン</small>

> proposer は、「結婚を申し込む」のほかに、このように「すすめる」という意味もあります。pour は前置詞で「〜のために」〔目的・対象〕（英語の for）です。une dame âgée de（〜の年をした）とも言います。「70」は、soixante-dix（60 + 10 = 70）という言い方をします。

● ライターが欲しいのですが。

Je voudrais un briquet.
<small>ジュ ヴゥドレ アン ブリッケ</small>

> vouloir は「欲しい」（英語の want）です。voudrais acheter の場合は「買いたいのですが」です。

● 申し訳ありません，扱っておりません。

Je suis désolé (e), nous n'avons pas.
<small>ジュ スュイ デゾレ ヌゥ ナ・ヴォン パ</small>

> 話し手（店員）の Je（私）が男性なら désolé、女性なら désolée となります。désolé (e) は「〜で残念だ、〜してすみません」です。

136

Chapitre 4 旅行で使えるフレーズ

品切れです。

Notre stock est épuisé.
ノートゥル ストック　エテ・ピュイゼ

> stock は「在庫品、ストック」を意味する語です。épuisé は、épuiser（使い果たす）の過去分詞です。ここでは形容詞の働きをし、「切れた（épuisé）状態である (est)」です。

4 ショッピング

Section 5 観光地で

CD 37

● パリの地図がほしいのですが。
Je voudrais un plan de Paris.
ジュ　ヴドレ　アン　プロン　ドゥ　パリ

● 日本に電話をかけたいのですが。
Je voudrais téléphoner au Japon.
ジュ　ヴドレ　テレフォネ　オ　ジャポン

● パンフレットを頂いてもいいですか？
Puis-je　avoir　un brochure?
ピュイ ジュ　アヴォワール　アン　ブロシュール

● 私たちと一緒に写真を撮りませんか？
Voudriez-vous prendre des photos avec nous?
ヴドリエ　ヴ　プロンドル　デ　フォト　アヴェック　ヌ

● トイレはどこですか？
Où sont les toilettes?
ウ　ソン　レ　トワレット

Section 6 トラブル

● 財布をなくしました。

J'ai perdu mon portefeuille.
ジ・エ ペルデュ　モン　　ポルトフィユ

> ai perdu は、「avoir + perdre の過去分詞」ですから、複合過去〔会話体の過去〕です。「財布」は porte（運ぶ）・feuille（紙片、葉）で、「小銭入れ」は porte（運ぶ）・monnaie（硬貨）です。ただし、「紙幣、札」は billet と言います。perdre は「失う」ですが、se perdre は「自分を・失う」から「迷う」という意味になります。

● トラベラーズチェックをなくしました。

J'ai perdu mes chèques de voyages.
ジ・エ ペルデュ　　メ　　シェック　ドゥ ヴォワヤージュ

● パスポートをどこかへ置き忘れました。

J'ai oublié mon passeport quelque part.
ジ・エ ウゥブリエ　モン　　パスポール　　ケルク　　パール

> quelque part（ある所〔名詞〕→どこかへ〔副詞〕）のように、名詞が文の中で副詞として働いています。

● （私の）娘がいなくなりました（娘を見失いました）。
J'ai perdu ma fille.
<small>ジ・エ ペルデュ マ フィユ</small>

> perdre には「失う、見失う、浪費する」など、たくさんの意味があります。代名動詞の se perdre は「迷う」です。また「見えなくなる」の意味もあります。fille は「娘」です。

● 彼女が頭をケガしました。
Elle s'est blessée à la tête.
<small>エル セ ブレッセ ア ラ テート</small>

> blesser が「傷つける」で、se blesser は「ケガをする」です。代名動詞ですので、動作が主語に戻ってきます。

● 薬局へ行きたいのですが。
Je voudrais aller à la pharmacie.
<small>ジュ ヴドレ アレ ア ラ ファルマシ</small>

● 医者に診てもらったほうがいいでしょう。
Il vaut mieux consulter le médecin.
<small>イル ヴォ ミュウ コンシュルテ ル メドゥサン</small>

> vaut（← valoir）は「値段がする、価値がある」で、mieux は bien（良い）の比較級です。したがって、Il vaut mieux ～ は「～したほうが良い」という意味になります。

Chapitre 4　旅行で使えるフレーズ

● どうなさいました？

Qu'est-ce que vous avez?
ケ　ス　　ク　ヴゥ　ザ・ヴェ

> 医者が患者に最初に言う言葉です。英語の What is the matter with you? にあたります。

Section 7 体調

● 胃が痛いです。

J'ai mal à l'estomac.
ジ・エ マ ラ レ・ストマ

> mal は「痛み」で、「〜が痛い」は J'ai mal 〜（私は〜の痛みを持つ）と表現します。体の症状を表す言い方は、例えば「空腹だ」は avoir faim（飢えを持つ）、「のどが渇いた」は avoir soif（渇きを持つ）です。すべて冠詞がとれます。

● 頭痛がします。

J'ai mal à la tête.
ジ・エ マ ラ ラ テート

● 疲れました。

Je suis fatigué (e).
ジュ スュイ ファティゲ

> 「être（英語の be）+ fatigué (e)〔形容詞〕」で、「疲れている→疲れた」になります。Je（私）が男性なら fatigué、女性なら fatiguée です。

Chapitre 4 旅行で使えるフレーズ

● 眠いです。
J'ai sommeil.
ジ・エ　ソメイユ

> 「私は・持つ・睡眠を」で、英語の I am sleepy. を意味します。ai（← avoir）の次にくる名詞は、冠詞がとれます。

● 風邪をひきました。
J'ai pris froid.
ジ・エ　プリ　フロワ

J'ai attrapé un rhume.
ジ・エ　アトゥラッペ　アン　リュム

> froid は「寒さ」という名詞です。ai pris は、「avoir + prendre（つかまえる）の過去分詞」で、会話体の過去である「複合過去」になっています。
> un rhume が「風邪」、attraper が「つかまえる、病気にかかる」です。attraper une malade は「病気にかかる」です。

● ダイエット中です。
Je suis au régime.
ジュ　スュイ　ソ　レジム

> régime は一般には「国家体制」ですが、この場合は「食事療法、ダイエット」です。

7
体調

● ダイエットしていません。
Je ne suis pas au régime.
ジュ ヌ スュイ パ オ レジム

> 否定文の時は ne 〜 pas を入れます。

● あなたは飲みすぎです。
Vous buvez trop.
ヴゥ ビュヴェ トゥロ

フランスのことわざ
フランスの物語にチャレンジ

Section 1 フランスの有名なことわざ

CD 40

◆ **Après la pluie le beau temps.**
（雨のあとは良い天気）

◆ **Dire est facile, agir est difficile.**
（言うのは容易で、行うのは困難である）

◆ **Chien qui aboie ne mord pas.**
（吠える犬はかまない）

◆ **Vivre comme chien et chat.**
（犬猿の仲）
　　直訳：犬と猫のように生活する。

◆ **Il n'y a pas de fumée sans feu.**
（火を伴わない煙はない）

◆ **Monnaie fait tout.**
（地獄の沙汰も金次第）
　　直訳：金がすべてをする。

◆ **Les murs ont des oreilles.**
（壁に耳あり）
　　直訳：壁は耳を持っている。

フランスのことわざ

◆ **Tout ce qui brille n'est pas or.**
（光るすべてが金ではない）

◆ **Morte la bête, mort le venin.**
（悪人が死ねば毒も死ぬ）
　　直訳：死んだ悪人、死んだ毒。

◆ **Les absents ont toujours tort.**
（いない者がいつも悪者にされる）

◆ **A l'ouvrage on connaît l'ouvrier.**
（仕事を見れば職人がわかる）

◆ **Il faut tourner sa langue sept fois dans sa bouche avant de parler.**
（話す前に熟考すべし）
　　直訳：話す前にその舌をその口の中で7回まわす必要がある。

◆ **C'est au pied du mur que l'on reconnaît le maçon.**
（人の値打ちはその仕事でわかる）
　　直訳：石工を知るのはその石垣によってである。

◆ **Qui sème le vent récolte la tempête.**
（身から出たサビ）
　　直訳：風をまく者は嵐を収穫する。

Section 2 フランスの物語にチャレンジ

L'homme et l'animal

① Beaucoup d'enfants demandent à leurs parents d'avoir un animal ; ② le plus souvent, c'est un chien.

③ Pour le jeune enfant, le chien n'est pas seulement un jouet. C'est un ami.

④ L'enfant aime le chien, il lui parle, il le comprend et, avec lui, il apprend à connaître la vie : ⑤ le chien, comme l'enfant, a soif, a faim, il est gai ou peut être malade.

⑥ Et la vieille dame, toute seule, sans famille ?

⑦ Son chien est là pour l'aider à vivre ; ⑧ alors ne nous moquons pas trop de ce "chien-chien à sa mémère"!

フランスの物語にチャレンジ

① **Beaucoup d'enfants demandent à leurs parents d'avoir un animal ;**

- beaucoup de　たくさんの、多くの
- enfant　子供
- demander　お願いする
- leurs　彼らの（彼女らの）〔所有形容詞〕
- demandent à ~ d'avoir　~に・持つことを・お願いする
- d'avoir un animal　動物を持つこと（飼うこと）

② **le plus souvent, c'est un chien.**

- le plus　souvent を最上級にする働きをする。
- souvent　しばしば〔副詞〕

③ **Pour le jeune enfant, le chien n'est pas seulement un jouet. C'est un ami.**

- pour　~にとって〔前置詞〕
- seulement　ただ~だけ〔副詞〕
- n'est pas seulement　ただ~だけではない
- jouet　オモチャ
- ami　友達

④ **L'enfant aime le chien, il lui parle, il le comprend et, avec lui, il apprend à connaître la vie :**

149

- aimer　愛する
- il lui parle　彼〔子供〕は彼〔犬〕に話しかける
- lui　～に〔il, elle の間接目的〕
- il le comprend　彼〔子供〕は彼〔犬〕を理解する
- le　～を〔il の直接目的〕
- avec lui　彼と共に。前置詞（avec）の次には強勢形の lui がくる。
- il apprend à connaître la vie　彼は人生を知ることを学ぶ。（apprend ← apprendre）

⑤ **le chien, comme l'enfant, a soif, a faim, il est gai ou peut être malade.**

- comme　～のように〔副詞〕
- a　持つ。（a ← avoir）
- soif　のどの渇き
- faim　飢え、空腹
- il est　彼は～である。（est ← être）
- gai　陽気な
- ou　あるいは
- peut　～ができる。（peut ← pouvoir）
- être malade　病気であること

⑥ **Et la vieille dame, toute seule, sans famille?**

- et　そして

- la vieille dame　老いた婦人
- toute seule　まったく一人の。toute は副詞だが、女性形容詞（ここでは seule）の前では tout が toute〔女性形〕になる。
- sans　〜がない
- sans famille　家族なき

⑦ **Son chien est là pour l'aider à vivre ;**

- son chien　彼女の犬
- est là　そこにいる。(est ← être)
- pour　〜するために
- l'aider（← la aider）　彼女を助ける。la は「彼女を」。フランス語では代名詞が動詞の前にくる。
- aider à vivre　生きることを助ける。à は前置詞。
- vivre　生きる、生活する

⑧ **alors ne nous moquons pas trop de ce "chien-chien à sa mémère"**

- alors　だから〔副詞〕
- ne nous moquons pas　からかわないようにしましょう。いわゆる「私たち」に対する命令形であり、「〜しましょう」の訳になる。
- ne 〜 pas　〜ない〔副詞〕
- trop　あまりに
- (trop) de 〜　〜を

- ce　この
- chien-chien　（皮肉の意味で）かわいがられている子犬
- à sa mémère　彼〔犬〕のおばあちゃんが持っている。àは「所属」を示す前置詞。

人間と動物

①多くの子供たちが彼らの両親に、動物を持つことをお願いします；②いちばん多くお願いするもの、それは犬です。
③幼い子供にとって、犬はただオモチャであるだけではありません。それは友達です。
④子供は犬を愛し、犬に話しかけ、犬を理解し、そして、犬と共に、人生を知ることを学びます。⑤犬は、子供のように、渇き、飢える。彼〔犬〕は陽気か、または病気であり得ます。
⑥そして、家族がない、まったく一人の、老いた婦人は？
⑦彼女の犬が、彼女が生きるのを助けるために、そこにいます。⑧だから、この「おばあちゃんの子犬」をからかい過ぎないようにしましょう。

日本語から引ける
フランス語ミニ辞典

あ

愛　amour [アムール]
愛する　aimer [エメ]
(〜の) 間　pendant [パンダン]
(〜の) 間に　entre [アントゥル]
あいている　être ouvert [エートゥル・ウヴェール]
会う　rencontrer [ランコントゥレ]
青い　bleu [ブルゥ]
赤い　rouge [ルゥジュ]
上がる　monter [モンテ]
明るい　clair [クレール]
秋　automne [オトヌ]
開ける　ouvrir [ウヴリール]
朝　matin [マタン]
足　pied [ピエ]
味　goût [グゥ]
明日　demain [ドゥマン]
与える　donner [ドネ]
頭　tête [テート]
新しい　neuf(ve) [ヌゥフ(ヴ)]
暑い　chaud [ショ]
後で　après [アプレ]
あなた (がた) は　vous [ヴゥ]
あなた (がた) を〔に〕　vous [ヴゥ]
兄　grand frère [グラン・フレール]
姉　grande sœur [グラーンド・スゥール]
甘い　doux(ce) [ドゥ(ス)]
あまりに　trop [トゥロ]
洗う　laver [ラヴェ]
ありがとう　merci [メルスィ]
あるいは〔または〕　ou [ウ]
歩く　marcher [マルシェ]
アルコール　alcool [アルコル]

安全　securité [セキュリテ]
案内する　guider [ギデ]

い

胃　estomac [エストマ]
いいえ。　Non. [ノン]
言う　dire [ディール]
家　maison [メゾン]
怒る　se fâcher [ス・ファシェ]
生きる　vivre [ヴィーヴル]
行く　aller [アレ]
いくつかの　des [デ]
意志　volonté [ヴォロンテ]
医者　médecin [メドゥサン]
椅子　chaise [シェーズ]
忙しい　occupé [オキュペ]
急ぐ　se dépêcher [ス・デペシェ]
偉大な　grand [グラン]
痛み　douleur [ドゥルゥル]
一日　un jour [アン・ジュゥル]
いつ？　quand? [カン]
いつも　toujours [トゥジュル]
犬　chien [シャン]
命　vie [ヴィ]
今　maintenant [マントゥナン]
意味　sens [サン]
妹　sœur [スゥール]
色　couleur [クルゥル]
祝い　fête [フェト]
(〜に) いる　se tenir à 〜 [ス・トゥニール・ア]

う

ウイスキー　whisky [ウイスキ]
上　sur [スュール]
ウエスト　taille [ターイユ]

上の〔に〕　haut [オ]
ヴェルサイユ　Versailles [ヴェルサイ]
受け取る　recevoir [ルスヴォワール]
動く, 動かす　bouger [ブジェ]
牛　bœuf [ブフ]
失う　perdre [ペルドゥル]
後ろに　derrière [デリエール]
うそ　mensonge [マンソーンジュ]
歌　chanson [シャンソン]
疑う　douter [ドゥテ]
移す　deplacer [デプラセ]
腕　bras [ブラ]
売る　vendre [ヴァンドゥル]
うれしい　content(e) [コンタン(ト)]
運　sort [ソール]

え

絵　dessin [デッサン]
映画　film [フィルム]
影響　influence [アンフリュアーンス]
英語　anglais [アングレ]
駅　gare [ガール]
エネルギー　énergie [エネルジ]
選ぶ　choisir [ショワズィール]
得る　obtenir [オプトゥニール]
(日本の) 円　yen [イエヌ]
演芸　spectacle [スペクタクル]
鉛筆　crayon [クレィヨン]

お

おいしい　bon(ne) [ボン(ヌ)]
追う　poursuivre [プルスュイヴル]
王　roi [ロワ]
多い　nombreux [ノンブルゥ]
終える　finir [フィニール]
大きくなる　grandir [グランディール]

大きな　grand(e) [グラ(ー)ン(ド)]
公の　public [ピュブリック]
おかしい　amusant [アミュザン]
お金　argent [アルジャン]
起きる　se lever [ス・ルヴェ]
置く　mettre [メトゥル]
贈り物　cadeau [カド]
贈る　offrir [オフリール]
送る　envoyer [アンヴォワィエ]
遅れる　être en retard [エートゥル・エン・ルタール]
行う　faire [フェール]
起こる　se passer [ス・パセ]
おじ　oncle [オンクル]
教える　enseigner [アンセニェ]
押す　pousser [プセ]
遅い　tard [タール]
おそらく　peut-être [プゥテトゥル]
恐れる　craindre [クラーンドゥル]
穏やかな　calme [カルム]
夫　mari [マリ]
弟　petit frère [プティ・フレール]
男　homme [オム]
驚く　s'étonner [セ・トネ]
各々の　chacun [シャカン]
おば　tante [タント]
おばあちゃん　mémère [メメール]
重い　lourd(e) [ルゥル(ド)]
思い出す　se rappeler [ス・ラプレ]
思い出　souvenir [スヴニール]
思う　penser [パンセ]
泳ぐ　nager [ナジェ]
降りる　descendre [デサーンドゥル]
音楽　musique [ミュズィーク]
温度　température [タンペラテュール]
女　femme [ファム]

か

階	étage [エタージュ]
会計	compte [コント]
外国の	étranger [エトランジェ]
階段	escalier [エスカリエ]
快適な	confortable [コンフォルタブル]
外套	manteau [マント]
回復する	guérir [ゲリール]
快楽	plaisir [プレズィール]
買う	acheter [アシュテ]
飼う	élever [エルヴェ]
カウンター	caisse [ケス]
返す	rendre [ランドゥル]
帰る	rentrer [ラントゥレ]
顔	visage [ヴィザージュ]
鏡	miroir [ミロワール]
輝く	briller [ブリエ]
鍵	clé [クレ]
書く	écrire [エクリール]
確実な	certain [セルタン]
学問	science [スィヤーンス]
過去（の）	passé [パッセ]
傘	parapluie [パラプリュイ]
菓子	gateau [ガト]
火事	incendie [アンサンディ]
歌手	chanteur [シャントゥル]
貸す	prêter [プレテ]
数	nombre [ノーンブル]
ガス	gaz [ガーズ]
数える	compter [コンテ]
家族	famille [ファミィユ]
肩	épaule [エポール]
形	forme [フォルム]
価値	valeur [ヴァルゥル]
勝つ	vaincre [ヴァーンクル]
学校	école [エコール]
活発な	actif [アクティフ]
カツプ	tasse [タース]
悲しい	triste [トゥリスト]
必ず	nécessairement [ネセセルマン]
かなりの	certain [セルタン]
金	argent [アルジャン]
可能な	possible [ポスィブル]
（書類）かばん	serviette [セルヴィエト]
壁	mur [ミュール]
神	dieu [ディウ]
紙	papier [パピエ]
髪	cheveu(x) [シュヴゥ]
噛む	mordre [モルドゥル]
カメラ	appareil [アパレィユ]
辛い	piquant [ピカン]
からかう	moquer [モケ]
ガラス	verre [ヴェール]
体	corps [コール]
借りる	emprunter [アンプランテ]
軽い	léger [レジェ]
彼（ら）は	il, ils [イル]
彼女（ら）は	elle, elles [エル]
川	rivière [リヴィエール]
皮、革	peau [ポ]
かわいい	joli [ジョリ]
変わる	changer [シャンジェ]
考える	penser [パンセ]
観光	tourisme [トゥリスム]
韓国	Corée [コレ]
感じがいい	sympathique [サンパティク]
感謝する	remercier [ルメルスィエ]
関心ある	intèressant [アンテレサン]
完全な	parfait [パルフェ]
簡単な	facile [ファスィル]

| 乾杯 | toast［トースト］ |
| 看病 | soin［ソワン］ |

き

木	arbre［アルブル］
黄色の	jaune［ジョーヌ］
記憶	mémoire［メモワール］
機械	machine［マシヌ］
聞く	écouter［エクテ］
危険	danger［ダンジェ］
気候	climat［クリマ］
季節	saison［セゾン］
北	nord［ノール］
ギター	guitare［ギタール］
期待	attente［アタント］
汚い	sale［サル］
機知	esprit［エスプリ］
喫茶店	café［カフェ］
切手	timbre［タンブル］
切符	billet［ビエ］
気に入る	plaire［プレール］
記念	souvenir［スヴニール］
厳しい	sévère［セヴェール］
気分	humeur［ユムウル］
希望	espoir［エスポワール］
君は	tu［テュ］
君を、君に	te［トゥ］
奇妙な	bisarre［ビザール］
客	invité［アンヴィテ］
キャバレー	cabaret［カバレ］
キャンプ	camping［カーンピング］
休暇	vacances［ヴァカーンス］
救助	secours［スクウル］
牛乳	lait［レ］
給料	salaire［サレール］
今日	aujourd'hui［オジュルドュイ］

教会	église［エグリーズ］
教師	professeur［プロフェスウル］
兄弟	frère［フレール］
許可	permission［ペルミスィヨン］
極端な	extrême［エクストゥレム］
去年	l'année dernière ［ラネ・デルニエル］
距離	distance［ディスターンス］
嫌う	détester［デテステ］
着る	mettre［メトゥル］
切る	couper［クペ］
金	or［オール］
銀行	banque［バーンク］
金髪の	blond［ブロン］

く

空気	air［エール］
空港	aéroport［アエロポール］
偶然の	accidentel［アクスィダンテル］
空腹である	avoir faim ［アヴォワール・ファン］
薬	médicament［メディカマン］
具体的な	concret［コンクレ］
果物	fruit［フリュイ］
下る	descendre［デサーンドゥル］
口	bouche［ブシュ］
唇	lèvre［レーヴル］
靴	chaussure［ショスュール］
苦痛	douleur［ドゥルウル］
靴下	chaussettes［ショセット］
国	pays［ペイ］
配る	distribuer［ディストゥリビュエ］
首	cou, tête［クゥ, テト］
区別	distinction ［ディスタンクスィヨン］
雲	nuage［ニュアージュ］

来る	venir [ヴニール]
車	voiture [ヴワテュール]

け

毛	poil [ポワル]
計画	plan [プラン]
経験	experience [エクスペリヤーンス]
警察	police [ポリース]
計算	calcul [カルキュル]
芸術	art [アール]
契約	contrat [コントゥラ]
けが	blessure [ブレスュル]
ケーキ	gâteau [ガト]
今朝	ce matin [ス・マタン]
下車する	descendre [デサーンドゥル]
消す	effacer [エファセ]
ケチな	avare [アヴァール]
血圧	tension [タンスィオン]
結婚	mariage [マリヤージュ]
決心	résolution [レゾリュスィヨン]
欠点	défaut [デフォ]
欠乏	manque [マーンク]
煙	fumée [フュメ]
原因	cause [コーズ]
けんか	querelle [ケレル]
言語	langage [ランガージュ]
検査	examen [エグザマン]
現在の	présent [プレザン]
現代の	moderne [モデルヌ]
見物	visite [ヴィズィット]

こ

恋	amour [アムウル]
濃い〔色〕	foncé [フォンセ]
好意	bonté [ボンテ]
行為	acte [アクト]
光栄	gloire [グロワール]
公園	parc [パルク]
後悔	remord [ルモール]
高価な	cher [シェール]
好感	sympathie [サンパティ]
交換する	changer [シャンジェ]
光景	spectacle [スペクタクル]
合計	somme [ソム]
交際	relation [ルラスィヨン]
香水	parfum [パルファン]
高速道路	autoroute [オトルト]
紅茶	thé [テ]
声	voix [ヴォワ]
氷	glace [グラス]
国籍	nationalité [ナスィヨナリテ]
国民	nation [ナスィヨン]
ここ	ici [イスィ]
午後	après-midi [アプレ・ミディ]
心	cœur [クゥウル]
試みる	essayer [エセイエ]
快い	agréable [アグレアブル]
午前	matin [マタン]
答える	répondre [レポンドゥル]
小包	colis [コリ]
コップ	verre [ヴェール]
今年	cette année [セ・タ・ンネ]
異なる	différent [ディフェラン]
言葉	mot [モ]
子供	enfant [アンファン]
この	ce〔男性単数〕, cette〔女性単数〕, ces〔男女複数〕 [ス、セット、セ]
好み	goût [グゥ]
コーヒー	café [カフェ]
困らせる	ennuyer [アンニュイエ]

米　　riz［リ］
〜頃　　vers［ヴェール］
殺す　　tuer［テュエ］
転ぶ　　tomber［トンベ］

さ

最近　　récemment［レサマン］
最後　　fin［ファン］
財産　　bien［ビヤン］
最初の　　premier［プルミエ］
最新の　　dernier［デルニエ］
サイズ　　taille［タイ］
財布　　portefeuille［ポルトフイユ］
坂　　côte［コート］
探す　　chercher［シェルシェ］
魚　　poisson［ポワソン］
下がる　　baisser［ベセ］
咲く　　fleurir［フルゥリール］
昨日　　hier［イエール］
叫ぶ　　crier［クリエ］
さじ　　cuiller［キュイエ］
〜させる　　faire 〜［フェール］
誘う　　inviter(à)［アンヴィテ］
札　　billet［ビィエ］
雑誌　　revue［ルヴュ］
砂糖　　sucre［スュークル］
サービス　　service［セルヴィス］
冷ます　　refroidir［ルフロワディール］
寒い　　froid［フロワ］
皿　　assiette［アシェット］
サラダ　　salade［サラッド］
触る　　toucher［トゥシエ］
参加する　　participer［パルティスィペ］
サンダル　　sandale［サンダル］
残念に思う　　regretter［レグレテ］

し

塩　　sel［セール］
しかし　　mais［メ］
時間　　temps［タン］
事故　　accident［アクスィダン］
静かな　　tranquille［トランキル］
下　　sous［ス］
時代　　époque［エポック］
〜したい　　voudrais［ヴゥドゥレ］
したがって〔だから〕　　donc［ドンク］
死ぬ　　mourir［ムゥリール］
しばしば　　souvent［スゥヴァン］
支払う　　payer［ペイエ］
示す　　indiquer［アンディケ］
閉める　　fermer［フェルメ］
週　　semaine［スメヌ］
(〜の) 周囲　　autour［オトゥウル］
住所　　addresse［アドゥレス］
ジュース　　jus［ジュス］
修理する　　réparer［レパレ］
出発する　　partir［パルティール］
消化する　　digérer［ディジェレ］
少年　　garçon［ガルソン］
女王　　reine［レヌ］
食事　　repas［ルパ］
印　　marque［マルク］
白い　　blanc［ブラン］
信じる〔思う〕　　croire［クロワール］

す

(タバコを) 吸う　　fumer［フュメ］
好きである　　aimer［エメ］
〜すぎる　　trop［トゥロ］
少ない　　rare［ラール］
優れた　　excellent［エクセラン］

すごい	super	[スュペール]
少し	un peu	[アン・プゥ]
涼しい	frais	[フレ]
進む	avancer	[アヴァンセ]
勧める	conseiller	[コンセイエ]
スーツケース	valise	[ヴァリーズ]
既に	déjà	[デジャ]
捨てる	jeter	[ジュテ]
すなわち	c'est-à-dire	[セ・タ・ディール]
すべての	tout	[トゥ]
滑る	glisser	[グリッセ]
スポーツ	sport	[スポール]
ズボン	pantalon	[パンタロン]
住まい	demeure	[ドゥムウル]
住む	habiter	[アビテ]
する	faire	[フェール]
〜するために	pour	[プゥル]
〜する時	quand 〜	[カン]

せ

姓	nom de famille	[ノン・ドゥ・ファミユ]
性格	caractère	[カラクテール]
正確な	exact	[エグザクト]
生活	vie	[ヴィ]
税関	douane	[ドゥワーヌ]
清潔な	propre	[プロプル]
制限する	limiter	[リミテ]
成功	succès	[シュクセ]
誠実な	honnête	[オネト]
正常な	normal	[ノルマル]
生徒	élève	[エレーヴ]
青年	jeune homme	[ジュヌ・オム]
世界	monde	[モーンド]
席	place	[プラス]
咳	toux	[トゥ]

接近	approche	[アプローシュ]
石けん	savon	[サヴォン]
絶望的な	désespéré	[デセスペレ]
説明する	expliquer	[エクスプリケ]
狭い	étroit	[エトゥロワ]
線	ligne	[リニュ]
先祖	ancêtre	[アシセートゥル]
戦争	bataille	[バタィユ]
洗濯	lavage	[ラヴァージュ]
選択する	choisir	[ショワズィール]
線路	rail	[ラーィユ]

そ

象	éléphant	[エレファン]
相互の	mutuel	[ミュテュエル]
掃除	ménage	[メナージュ]
装飾	décoration	[デコラスィヨン]
騒々しい	bruyant	[ブリュイヤン]
相談	conseil	[コンセイユ]
そうでなければ	sinon	[スィノン]
祖国	patrie	[パトゥリ]
そして	et, puis	[エ, ピュイ]
ソース	sauce	[ソース]
ソーセージ	saucisse	[ソースィス]
注ぐ	verser	[ヴェルセ]
育つ	grandir	[グランディール]
率直な	franc	[フラン]
袖	manche	[マーンシュ]
外に	dehors	[ドゥオール]
その	le, la, les	[ル, ラ, レ]
その時	alors	[アロール]
傍に	à côté	[ア・コテ]
祖父	grand-père	[グラン・ペール]
ソファ	canapé	[カナペ]
祖母	grand-mère	[グラン・メール]
空	ciel	[スィエル]

た

他（の）	autre [オートゥル]
大学	université [ユニヴェルスィテ]
大工	charpentier [シャルパンティエ]
退屈	ennui [アンニュイ]
体験	expérience [エクスペリヤーンス]
滞在	sejour [セジュル]
大衆	public [ピュブリック]
大切な	important [アンポルタン]
態度	attitude [アティテュード]
台所	cuisine [キュイズィヌ]
台風	typhon [ティフォン]
太陽	soleil [ソレイユ]
平らな	plat [プラ]
タオル	serviette [セルヴィエット]
高い〔値〕	cher [シェール]
宝	trésor [トゥレゾール]
だから	alors [アロール]
たくさんの	beaucoup [ボクゥ]
タクシー	taxi [タクスィ]
確かな	certain [セルタン]
確かめる	s'assurer [サ・シュレ]
多数	majorité [マジョリテ]
助ける	aider [エデ]
尋ねる	demander [ドゥマンデ]
正しい	juste [ジュスト]
ただちに	aussitôt [オスィト]
ただ〜だけ	seulement [スゥルマン]
立ち上がる	se lever [ス・ルヴェ]
建物	bâtiment [バーティマン]
立てる	dresser [ドゥレッセ]
例えば	par exemple [パ・レグザンプル]
他人	autre [オートゥル]
楽しい	agréable [アグレアブル]
楽しみ	plaisir [プレズィール]
頼む	demander [ドゥマンデ]
たぶん	peut-être [プゥ・テトゥル]
食べる	manger [マンジェ]
卵	œuf [ウフ]
だます	tromper [トゥロンペ]
黙る	se taire [ス・テール]
試す	essayer [エセイエ]
保つ	maintenir [マントゥニール]
足りる	suffire [スュフィール]
誰	qui [キ]
短気な	impatient [アンパスィヤ]
単語	mot [モ]
誕生	naissance [ネサーンス]

ち

血	sang [サン]
小さい	petit [プティ]
チェックアウト	
近い	près [プレ]
違い	différence [ディフェラーンス]
地下鉄	métro [メトゥロ]
力	force [フォルス]
遅刻	retard [ルタール]
地図	plan [プラン]
チーズ	fromage [フロマージュ]
父	père [ペール]
チップ	pourboire [プルボワール]
知能	intelligence [アンテリジャーンス]
チーム	equipe [エキップ]
茶色の	brun [ブラン]
チャンネル	chaîne [シェヌ]
注意	attention [アタンスィヨン]
忠告	conseil [コンセィユ]
中国	Chine [シヌ]
昼食	déjeuner [デジュネ]
注文する	commander [コマンデ]

朝食　petit déjeuner[プティ・デジュネ]
ちょうど　juste[ジュスト]
直接の　direct[ディレクト]
チョコレート　chocolat[ショコラ]
治療する　traiter[トゥレテ]

つ

疲れた　fatigué(e)[ファティゲ]
月　lune[リュヌ]
続く　durer[デュレ]
伝える　transmettre[トランスメットゥル]
つぶやく　murmurer[ミュルミュレ]
妻　femme[ファム]
爪　ongle[オーングル]

て

手　main[マン]
手足　membre[マーンブル]
〜であった　fut(← être)[フュ]
〜である　être[エートゥル]
定価　prix[プリ]
定刻に　à l'heure[ア・ル・ウル]
停車　arrêt[アレ]
ディスコ　disco[ディスコ]
訂正する　corriger[コリジェ]
ていねいな　poli[ポリ]
停留所〔バス〕　arrêt[アレ]
手紙　lettre[レトゥル]
適切な　juste[ジュスト]
できる　pouvoir[プーヴォワール]
出口　sortie[ソルティ]
デザイン　dessin[デッサン]
デザート　dessert[ザセール]
手伝い　aide[エド]

鉄道　chemin de fer[シュマン・ド・フェール]
デート　rendez-vous[ランデ・ヴゥ]
テニス　tennis[テニス]
手荷物　bagage à main[バガージュ・ア・マン]
〜ではない　ne 〜 pas[ヌ・パ]
テーブル　table[タブル]
寺　temple[ターンブル]
出る　sortir[ソルティール]
電気　électricité[エレクトゥリスィテ]
電車　train[トゥラン]
電報　télégramme[テレグラム]
電話　téléphone[テレフォン]

と

〜と　avec[アヴェック]
ドア　porte[ポルト]
というのは　car[カール]
ドイツ　Allemagne[アルマニュ]
トイレ　toilette[トワレット]
塔　tour[トゥール]
道具　instrument[アンストゥリュマン]
当然　naturellement[ナチュレルマン]
どうぞ　s'il vous plaît[スィル・ヴゥ・プレ]
到着する　arriver[アリヴェ]
動物　animal[アニマル]
東洋　Orient[オリヤン]
同様に　de même[ドゥ・メム]
遠い　loin[ロワン]
遠くに　au loin[オ・ロワン]
通り　rue[リュ]
通る　passer[パッセ]
都会　ville[ヴィル]
(〜する〔した〕)時　quand[カン]
毒　poison[ポワゾン]

日本語から引けるフランス語ミニ辞典

特急	rapide [ラピド]
特に	surtout [スュルトゥ]
特別の	spécial [スペシャル]
時計	montre [モーントゥル]
〜ところの	que [ク]
年	an, année [アン, アンネ]
閉じる	fermer [フェルメ]
途中で	en chemin [アン・シュマン]
どちら？	lequel? [ルケル]
とても	très [トゥレ]
飛ぶ	voler [ヴォレ]
泊まる	loger [ロジェ]
トランク	valise [ヴァリーズ]
取りかえる	changer [シャンジェ]
努力	effort [エフォール]
取る	prendre [プラーンドゥル]
どんな	quel, quelle, quels, quelles [ケル]

な

ナイフ	couteau [クトォ]
内部	interieur [アンテリウル]
内容	contenu [コントゥニュ]
ナイロン	nylon [ニロン]
(病気を) 治す	guérir [ゲリール]
長い	long [ロン]
中に	dans [ダン]
仲間	camarade [カマラード]
眺め	vue [ヴュ]
泣く	pleurer [プルゥレ]
殴る	battre [バトゥル]
投げる	lancer [ランセ]
〜なしに〔で〕	sans 〜 [サン]
雪崩	avalanche [アヴァラーンシュ]
夏	été [エテ]
ナプキン	serviette [セルヴィエット]
生の	cru [クリュ]
名前	nom [ノン]
訛り	accent [アクサン]
涙	larme [ラルム]
悩み	souci [ススィ]
並べる	ranger [ランジェ]
(〜に) なる	devenir [ドゥヴニール]
なるほど	en effet [アン・ネフェ]

に

〜に	à, en, dans [ア, アン, ダン]
似合う	aller à [アレ]
匂い	odeur [オドゥール]
苦い	amer [アメール]
にぎやかな	gai [ゲ]
肉	viande [ヴィヤーンド]
西	ouest [ウエスト]
〜にすぎない	ne 〜 que 〜 [ヌ・ク]
偽の	faux [フォ]
日記	journal [ジゥルナル]
〜にとっては	pour [プゥル]
2倍の	double [ドゥブル]
日本	Japon [ジャポン]
日本語	japonais [ジャポネ]
日本人〔男〕	japonais [ジャポネ]
日本人〔女〕	japonaise [ジャポネーズ]
ニュアンス	nuance [ニュアーンス]
ニュース	nouvelle [ヌヴェル]
庭	jardin [ジャルダン]
人気の	populaire [ポピュレール]

ぬ

縫う	coudre [クゥドゥル]
脱ぐ	enlever [アンルヴェ]
盗み〔盗む〕	vol(er) [ヴォル]
布	étoffe [エトフ]

ぬるい	tiède	[ティエッド]
濡れる	se mouiller	[ス・ムイエ]

ね

ネガ	négatif	[ネガティフ]
願い	demande	[ドゥマーンド]
寝かす	coucher	[クシェ]
値切る	marchander	[マルシャンデ]
ネクタイ	cravate	[クラヴァト]
猫	chat	[シャ]
値段	prix	[プリ]
熱	chaleur	[シャルゥル]
ネックレス	collier	[コリエ]
寝る	se coucher	[ス・クシェ]
年金	retraite	[ルトゥレト]
年齢	âge	[アージュ]

の

～の	de. à	[ドゥ、ア]
農村	campagne	[カンパニュ]
残す	laisser	[レセ]
残り	reste	[レスト]
乗せる	mettre	[メトゥル]
(～を) 除いて	sauf	[ソフ]
除く	enlever	[アンルヴェ]
望む	vouloir	[ヴロワール]
後に	après	[アプレ]
～ので	parce que	[パルス・ク]
のど	gorge	[ゴルジュ]
ノート	cahier	[カイエ]
～のほうへ	vers	[ヴェール]
のぼる	monter	[モンテ]
飲み物	boisson	[ボワソン]
飲む	boire	[ボワール]
乗る	prendre	[プラーンドゥル]

は

刃	lame	[ラム]
歯	dent	[ダン]
歯医者	dentiste	[ダンティスト]
バー	bar	[バール]
場合	cas	[カ]
はい	oui	[ウィ]
灰	cendre	[サンドゥル]
バイオリン	violon	[ヴィオロン]
配達	livraison	[リヴレゾン]
売店	boutique	[ブティク]
パイプ	pipe	[ピップ]
入る	entrer	[アントゥレ]
墓	tombe	[トーンブ]
ばかな	imbécile	[アンベスィル]
計る	peser	[プゼ]
掃く	balayer	[バレイエ]
白人	blanc	[ブラン]
博物館	musée	[ミュゼ]
激しい	violent	[ヴィオラン]
バゲット	baguette	[バゲット]
バケツ	seau	[ソ]
箱	boîte	[ボワット]
運ぶ	porter	[ポルテ]
端	bord	[ボール]
橋	pont	[ポン]
始まる	commencer	[コマンセ]
パジャマ	pyjama	[ピジャマ]
場所	place	[プラス]
走る	courir	[クゥリール]
バス	autobus	[オトビュス]
恥ずかしい	honteux	[オントゥ]
はずす	décrocher	[デクロシェ]
パスポート	passeport	[パスポール]
肌	peau	[ポ]

裸の	nu	[ニュ]
働く	travailler	[トゥラヴァィエ]
はっきりと	clairement	[クレルマン]
バッグ	sac	[サック]
発見する	découvrir	[デクヴリール]
発車する	partir	[パルティール]
発送する	envoyer	[アンヴォワィエ]
発表する	annoncer	[アノンセ]
花	fleur	[フルゥル]
鼻	nez	[ネ]
話す	parler	[パルレ]
母	mère	[メール]
ハム	jambon	[ジャンボン]
速い〔速く〕	vite	[ヴィット]
腹	ventre	[ヴァーントゥル]
パリ	Paris	[パリ]
春	printemps	[プランタン]
パン	pain	[パン]
番号	numéro	[ニュメロ]
犯罪	crime	[クリム]
反省	réflexion	[レフレクスィヨン]
反対〔逆〕の	contraire	[コントレール]
ハンドル	volant	[ヴォラン]
反応	réaction	[レアクスィヨン]
半分	moitié	[モワティエ]
パン屋	boulangerie	[ブランジュリ]

ひ

日	jour	[ジュル]
火	feu	[フゥ]
美	beauté	[ボテ]
ピアノ	piano	[ピアノ]
被害	dégât	[デガ]
比較する	comparer	[コンパレ]
東	est	[エスト]
光	lumière	[リュミエール]
光る	briller	[ブリエ]
引き受ける	accepter	[アクセプテ]
引く	tirer	[ティレ]
低い	bas	[バ]
ひげ	barbe	[バルブ]
ひざ	genou	[ジュヌゥ]
ピザ	pizza	[ピザ]
美術	beaux-arts	[ボザール]
非常に	très	[トゥレ]
ビスケット	biscuit	[ビスキュイ]
ヒステリー	hystérie	[イステリ]
ピストル	revolver	[ルヴォルヴェ]
額	front	[フロン]
ビタミン	vitamine	[ヴィタミン]
左	gauche	[ゴーシュ]
必要とする	nécessaire	[ネセェール]
人	personne	[ペルソヌ]
等しい	égal	[エガル]
一つの	un(e)	[アン(ユヌ)]
人々	gens	[ジャン]
ビフテキ	bifteck	[ビフテク]
暇	temps	[タン]
冷やす	refroidir	[ルフロワディール]
秒	seconde	[スゴーンド]
病院	hôpital	[オピタル]
病気の	malade	[マラド]
表情	expression	[エクスプレスィヨン]
開く	ouvrir	[ウヴリール]
昼	jour	[ジュル]
ビール	bière	[ビエール]
広い	vaste	[ヴァスト]
広場	place	[プラス]
火をつける	allumer	[アリュメ]
瓶	bouteille	[ブティユ]
貧乏な	pauvre	[ポォヴル]

ふ

不安な　inquiet [アンキエ]
フィルム　pellicule [ペリキュル]
封筒　enveloppe [アンヴロップ]
夫婦　épouse [エプゥズ]
増える　augmenter [オグマンテ]
フォーク　fourchette [フルシェット]
不可能な　impossible [アンポスィブル]
服　vêtement [ヴェトゥマン]
吹く　souffler [スフレ]
拭く　essuyer [エスュィエ]
複雑な　compliqué [コンプリケ]
複数の　pluriel [プリュリエル]
含む　contenir [コントゥニール]
不潔な　sale [サル]
不幸な　malheureux [マルゥルゥ]
不思議な　étrange [エトゥラーンジュ]
侮辱　insulte [アンスュルト]
婦人　dame [ダム]
不足な　insuffisant [アンスュフィザン]
舞台　scène [セヌ]
不確かな　incertain [アンセルタン]
再び　encore [アンコール]
普通の　ordinaire [オルディネール]
物価　prix [プリ]
ぶつかる　heurter [ウゥルテ]
太い　gros [グロ]
ぶどう酒　vin [ヴァン]
ぶどうの実　raisin [レザン]
太る　grossir [グロスィール]
船　bateau [バト]
不満な　mécontent [メコンタン]
冬　hiver [イヴェール]
ブラウス　blouse [ブルゥズ]
フラン　franc [フラン]
フランス　France [フラーンス]
フランス人　Français(e) [フランセ]
フランスの　français(e) [フランセ]
ブランデー　cognac [コニャク]
降る　tomber [トンベ]
古い　vieux(vieil) [ヴィウ]
ふるまう　conduire [コンデュイール]
触れる　toucher [トゥシェ]
分　minute [ミニュト]
文化　culture [キュルテュール]
文学　litterature [リテラテュール]
紛失する　perdre [ペルドゥル]
文明　civilisation [スィヴィリザスィヨン]

へ

塀　mur [ミュール]
兵器　arme [アルム]
平均の　moyen [モワィヤン]
平静さ　sérénité [セレニテ]
兵隊　soldat [ソルダ]
平凡な　banal [バナル]
平和　paix [ペ]
ベーコン　bacon [ベコン]
ページ　page [パージュ]
下手な　maldroit [マルドゥロワ]
別荘　villa [ヴィラ]
ベッド　lit [リ]
別の　autre [オートゥル]
部屋　chambre [シャーンブル]
減らす　diminuer [ディミニュエ]
ベル　sonnette [ソネット]
ペン　plume [プリュム]
変化する　changer [シャンジェ]
ペンキ　peinture [パンテュール]
勉強する　travailler [トラヴァイエ]

返事する　répondre［レポーンドゥル］
返送する　renvoyer［ランヴォワィエ］
ベンチ　banc［バン］
変な　bizarre［ビザール］
便利な　pratique［プラティック］

ほ

棒　bâton［バトン］
妨害する　empêcher［アンペシェ］
方言　dialecte［ディアレクト］
冒険　aventure［アヴァンテュール］
方向　direction［ディレクスィヨン］
報告　rapport［ラポール］
帽子　chapeau［シャポォ］
放送　émission［エミスィヨン］
豊富な　abondant［アボンダン］
訪問　visite［ヴィズィット］
法律　droit［ドゥロワ］
ほかの　autre［オートゥル］
牧師　pasteur［パストゥール］
ポケット　poche［ポシュ］
星　étoile［エトワル］
欲しい　désirer［デズィレ］
ポスター　affiche［アフィシュ］
細い　mince［マンス］
保存　conservation［コンセルヴァスィヨン］
ポタージュ　potage［ポタージュ］
ボタン　bouton［ブゥトン］
ホテル　hôtel［オテル］
ほとんど　presque［プレスク］
骨　os［オス］
ほめる　louer［ルゥエ］
本　livre［リーヴル］
本当の　vrai［ヴレ］
翻訳する　traduire［トゥラデュイール］

ま

毎日　chaque jour［シャク・ジウル］
(〜の)前に　devant［ドゥヴァン］
幕　rideau［リド］
巻く　rouler［ルゥレ］
枕　oreiller［オレィエ］
負ける　être battu［エートゥル・バテュ］
孫　petit-fils〔男〕, petite-fille〔女〕［プティ・フィス、プティト・フィユ］
まじめな　serieux［セリュウ］
まずい〔味〕　mauvais［モヴェ］
貧しい　pauvre［ポォヴル］
まだ　encore［アンコール］
町　ville［ヴィル］
間違い　erreur［エルゥル］
待つ　attendre［アターンドゥル］
まっすぐな　droit［ドゥロワ］
まったく　tout à fait［トゥ・タ・フェ］
マッチ　allumette［アリュメット］
祭　fête［フェト］
〜まで　jusque［ジュスク］
窓　fenêtre［フネトゥル］
学ぶ　apprendre［アプラーンドゥル］
招く　inviter［アンヴィテ］
マフラー　écharpe［エシャルプ］
まもなく　bientôt［ビヤント］
(道に)迷う　se perdre［ス・ペルドゥル］
丸い　rond［ロン］
マンション　appartement［アパルトマン］
満足な　content［コンタン］
万年筆　stylo［スティロ］

み

見い出す　trouver［トゥルヴェ］

日本語	フランス語	発音
右	droite	[ドゥロワト]
短い	court	[クウル]
水	eau	[オ]
見せる	montrer	[モントゥレ]
道	chemin	[シュマン]
緑の	vert	[ヴェール]
港	port	[ポール]
南	sud	[スュド]
身ぶり	geste	[ジェスト]
耳	oreille	[オレィユ]
みやげ	cadeau	[カド]
魅力	charme	[シャルム]
見る	voir	[ヴォワール]

む

向かう	se diriger	[ス・ディリジェ]
昔	autrefois	[オトゥルフォワ]
向こうに	là-bas	[ラバ]
虫	insecte	[アンセクト]
むしろ	plutôt	[プリュト]
息子	fils	[フィス]
娘	fille	[フィユ]
無駄な	innutile	[イニュティル]
無知な	ignorant	[イニョラン]
胸	poitrine	[ポワトゥリヌ]
村	village	[ヴィラージュ]
紫の	violet	[ヴィヨレ]
無料の	gratuit	[グラテュイ]

め

目	œil〔単数〕, yeux〔複数〕	[ウィユ、ユ]
姪	nièce	[ニエス]
明白な	évident	[エヴィダン]
命令する	ordonner	[オルドネ]
メガネ	lunettes	[リュネット]
目覚まし時計	réveil	[レヴェイユ]
目覚めさせる	réveiller	[レヴェイエ]
めずらしい	rare	[ラール]
メートル	mètre	[メトゥル]
メニュー	carte	[カルト]
メール	mél	[メル]
めまい	vertige	[ヴェルティージュ]

も

もう	déjà	[デジャ]
儲ける	gagner	[ガニェ]
燃える	brûler	[ブリュレ]
目的	but	[ビュ]
文字	lettre	[レトゥル]
持ち上げる	enlever	[アンルヴェ]
もちろん	bien sur	[ビヤン・スュール]
持つ	avoir	[アヴォワール]
持って行く	emporter	[アンポルテ]
持っている	porter	[ポルテ]
持って帰る	rapporter	[ラポルテ]
持って来る	apporter	[アポルテ]
最も〜の	le plus 〜	[ル・プリュ]
求める	demander	[ドゥマンデ]
戻る	rentrer	[ラントゥレ]
物	chose	[ショーズ]
もはや〜でない	ne plus 〜	[ヌ・プリュ]
門	porte	[ポルト]

や

野球	base-ball	[ベズボル]
役者	acteur	[アクトゥル]
役割	rôle	[ロール]
優しい	gentil	[ジャンティ]
易しい	facile	[ファスィル]
安い	bon marché	[ボン・マルシェ]
休む	se reposer	[ス・ルポゼ]

薬局	pharmacie [ファルマスィ]
雇う	employer [アンプロワィエ]
屋根	toit [トワ]
破る	déchirer [デシレ]
山	montagne [モンタニュ]
やめる	cesser [セッセ]

ゆ

湯	eau chaude [オ・ショッド]
夕方	soir [ソワール]
勇敢な	brave [ブラーヴ]
勇気	courage [クゥラージュ]
友情	amitié [アミティエ]
夕食	dîner [ディネ]
友人	ami [アミ]
郵便	poste [ポスト]
床	plancher [プランシェ]
愉快な	amusant [アミュザン]
雪	neige [ネージュ]
譲る	céder [セデ]
ゆっくり	lentement [ラントマン]
指	doigt [ドワ]
夢	rêve [レーヴ]
許す	pardonner [パルドネ]

よ

夜明け	aube [オーブ]
良い	bon [ボン]
用事	affaire [アフェール]
用心	précaution [プレコスィヨン]
様子	air [エール]
(～の)ように	comme [コム]
良く	bien [ビヤン]
翌日	le lendemain [ル・ランドゥマン]
欲望	désir [デズィール]
汚す	salir [サリール]

四つ角	carrefour [カルフウル]
予定	projet [プロジェ]
読む	lire [リール]
予約する	réserver [レゼルヴェ]
より多く	plus [プリュ]
より少なく	moins [モワン]
夜	nuit [ニュイ]

ら

雷雨	orage [オラージュ]
ライオン	lion [リヨン]
ライター	briquet [ブリッケ]
楽に	á l'aise [ア・レ・エズ]
ラジオ	radio [ラディオ]
乱暴な	brutal [ブリュタル]

り

利益	profit [プロフィ]
陸	terre [テール]
リズム	rythme [リトゥム]
理想の	idéal [イデアル]
リットル	litre [リトゥル]
理由	raison [レゾン]
両替所	bureau de change [ビュロ ドゥ シャンジュ]
両親	parents [パラン]
利用する	utiliser [ユティリゼ]
料理する	cuire [キュイール]
旅行	voyage [ヴォワヤージュ]

る

留守	absence [アブサーンス]

れ

例	exemple [エグザンブル]
礼を言う	remercier [ルメルスィエ]

歴史	histoire	[イストワール]
レジ	caissier	[ケスィエ]
レストラン	restaurant	[レストラン]
列車	train	[トゥラン]
恋愛	amour	[アムウル]
練習	exercice	[エグゼルスィス]
連絡	contact	[コンタクト]

ろ

廊下	couloir	[クロワール]
老人	vieux	[ヴィウ]
労働する	travailler	[トゥラヴァイエ]
浪費する	gaspiller	[ガスピエ]
ロビー	hall	[オール]

わ

ワイン	vin	[ヴァン]
若い	jeune	[ジュヌ]
わかる	comprendre	[コンプラーンドゥル]
わずか（の）	un peu(de)	[アン・プゥ(ドゥ)]
忘れる	oublier	[ウゥブリエ]
私に〔を〕	me	[ム]
私の	mon, ma, mes	[モン、マ、メ]
私は	je	[ジュ]
渡る	passer	[パッセ]
笑う	rire	[リール]
悪い	mauvais	[モヴェ]

基数詞

0	zéro [ゼロ]
1	un, une [アン、ユヌ]
2	deux [ドゥ]
3	trois [トゥロワ]
4	quatre [カトゥル]
5	cinq [サーンク]
6	six [スィス]
7	sept [セット]
8	huit [ユイット]
9	neuf [ヌッフ]
10	dix [ディス]
20	vingt [ヴァン]
30	trente [トゥラーント]
40	quarante [カラーント]
50	cinquante [サンカーント]
60	soixante [ソワサーント]
70	soixante-dix [ソワサーント・ディス]
80	quatre-vingts [カトゥル・ヴァン]
90	quatre-vingt-dix [カトゥル・ヴァン・ディス]
100	cent [サン]
1,000	mille [ミル]
10,000	dix mille [ディ・ミル]

月

1月	janvier [ジャンヴィエ]
2月	février [フェヴリエ]
3月	mars [マルス]
4月	avril [アヴリル]
5月	mai [メ]
6月	juin [ジュアン]
7月	juillet [ジュイィエ]
8月	août [ウ(ト)]
9月	septembre [セプターンブル]
10月	octobre [オクトブル]
11月	novembre [ノヴァーンブル]
12月	décembre [デサーンブル]

曜日

月曜日	lundi [ランディ]
火曜日	mardi [マルディ]
水曜日	mercredi [メルクルディ]
木曜日	jeudi [ジゥディ]
金曜日	vendredi [ヴァンドゥルディ]
土曜日	samedi [サムディ]
日曜日	dimanche [ディマーンシュ]

●著者略歴
中野久夫（なかの　ひさお）

長野県生まれ。文芸・美術評論家。早稲田大学文学部卒業。桜美林大学、多摩美術大学の講師を経て、フランス語・スペイン語・ドイツ語等の入門書執筆に専念。
著書『新版 CD BOOK はじめてのスペイン語』（明日香出版社）、『カラー版　フランス語が面白いほど身につく本』『カラー版　ドイツ語が面白いほど身につく本』（以上、KADOKAWA）、『フランス語らくらく速習24日』『ドイツ語らくらく速習24日』（以上、国際語学社）ほか多数。

●協力
欧米・アジア語学センター
http://www.fi.jpn.ac/

本書の内容に関するお問い合わせ
明日香出版社　編集部
☎(03)5395-7651

新版 CD BOOK はじめてのフランス語

2014年　2月22日　初版発行
2016年　11月29日　第5刷発行

著　者　中　野　久　夫
発行者　石　野　栄　一

〒112-0005 東京都文京区水道2-11-5
電話 (03) 5395-7650（代表）
　　 (03) 5395-7654（FAX）
郵便振替 00150-6-183481
http://www.asuka-g.co.jp

明日香出版社

■スタッフ■　編集　小林勝／久松圭祐／古川創一／藤田知子／大久保遥／生内志穂
　　　　　　営業　渡辺久夫／浜田充弘／奥本達哉／平戸基之／野口優／横尾一樹／
　　　　　　　　　田中裕也／関山美保子／藤本さやか　財務　早川朋子

印刷　株式会社フクイン
製本　根本製本株式会社
ISBN 978-4-7569-1678-5 C2085

本書のコピー、スキャン、デジタル化等の無断複製は著作権法上で禁じられています。
乱丁本・落丁本はお取り替え致します。
©Hisao Nakano 2014 Printed in Japan
編集担当　石塚幸子

たったの 72 パターンで こんなに話せるイタリア語会話

ビアンカ・ユキ
ジョルジョ・ゴリエリ

「～はどう？」「～だといいね」など、決まったパターンを使いまわせば、イタリア語は誰でも必ず話せるようになる！　これでもうフレーズ丸暗記の必要ナシ。この 72 パターンを覚えれば、言いたいことが何でも言えるようになります。

本体価格 1800 円＋税　B6 変型　〈224 ページ〉　2010/07 発行　978-4-7569-1397-5

たったの 72 パターンで こんなに話せるフランス語会話

小林 知子
エリック・フィオー

「～はどう？」「～だといいね」など、決まったパターンを使いまわせば、フランス語は誰でも必ず話せるようになる！　これでもうフレーズ丸暗記の必要ナシ。この 72 パターンを覚えれば、言いたいことが何でも言えるようになります。

本体価格 1800 円＋税　B6 変型　〈224 ページ〉　2010/08 発行　978-4-7569-1403-3

たったの 72 パターンで こんなに話せるスペイン語会話

欧米・アジア語学センター
フリオ・ルイス・ルイス

日常会話でよく使われる基本的なパターン（文型）を使い回せば、スペイン語で言いたいことが言えるようになります！　まず基本パターン（文型）を理解し、あとは単語を入れ替えれば、いろいろな表現を使えるようになります。

本体価格 1800 円＋税　B6 変型　〈224 ページ〉　2013/02 発行　978-4-7569-1611-2

CD BOOK イタリア語会話フレーズブック

ビアンカ・ユキ
ジョルジョ・ゴリエリ

日常生活で役立つイタリア語の会話フレーズを2900収録。状況別・場面別に、よく使う会話表現を掲載。海外赴任・留学・旅行・出張で役立つ表現も掲載。あらゆるシーンに対応できる、会話表現集の決定版！

本体価格 2800 円＋税　B6 変型　〈360 ページ〉　2007/03 発行　978-4-7569-1050-9

CD BOOK フランス語会話フレーズブック

井上 大輔／エリック・フィオー
井上 真理子

フランス好きの著者と、日本在住のフランス人がまとめた、本当に使えるフランス語会話フレーズ集！ 基本的な日常会話フレーズだけでなく、読んでいるだけでためになるフランス情報ガイド的な要素も盛り込みました。CD3 枚付き！

本体価格 2800 円＋税　B6 変型　〈416 ページ〉　2008/01 発行　978-4-7569-1153-7

CD BOOK スペイン語会話フレーズブック

林 昌子

日常生活で役立つスペイン語の会話フレーズを2900収録。状況別に、よく使う会話表現を掲載。スペイン語は南米の国々でも使われています。海外赴任・留学・旅行・出張で役立つ表現も掲載。あらゆるシーンに対応できる会話表現集の決定版！

本体価格 2900 円＋税　B6 変型　〈408 ページ〉　2006/05 発行　978-4-7569-0980-0

CD BOOK ドイツ語会話フレーズブック

岩井 千佳子
アンゲリカ・フォーゲル

日常生活で役立つドイツ語の会話フレーズを2900収録。状況別に、よく使う会話表現を掲載。海外赴任・留学・旅行・出張で役立つ表現も掲載。カードに添える言葉、若者言葉なども紹介しています。

本体価格2900円+税　B6変型　〈400ページ〉　2006/02発行　4-7569-0955-8

CD BOOK 韓国語会話フレーズブック

李 明姫

日常生活で役立つ韓国語の会話フレーズを2900収録。状況別・場面別に、よく使う会話表現を掲載。近年、韓国を訪れる日本人が増えています。海外赴任・留学・旅行・出張で役立つ表現も掲載。あらゆるシーンに対応できる、会話表現集の決定版！

本体価格2800円+税　B6変型　〈464ページ〉　2005/06発行　978-4-7569-0887-2

CD BOOK 台湾語会話フレーズブック

趙怡華：著
陳豐惠：監修

好評既刊『はじめての台湾語』の著者が書いた、日常会話フレーズ集です。シンプルで実用的なフレーズを場面別・状況別にまとめました。前作と同様、台湾の公用語と現地語（親しい人同士）の両方の表現を掲載しています。様々なシーンで役立ちます。CD3枚付き。

本体価格2900円+税　B6変型　〈424ページ〉　2010/06発行　978-4-7569-1391-3